수사학

RHETORIC: A Very Short Introduction

첫 단 추 시 리 즈
003

수사학

리처드 토이 지음
노승영 옮김

교유서가

일러두기
본문 중의 〔 〕는 모두 옮긴이 주(註)이며, 원문 인용에서 저자가 덧붙인 설명은 〔 〕로
표시하고 '저자주'라고 밝혔다.

차례

빅토르 클렘페러(Victor Klemperer)는 총명한 언어 연구자로, 1881년에 독일계 유대인 집안에서 태어나 훗날 기독교 세례를 받았다. 히틀러가 권좌에 오르자 클렘페러는 히틀러 정권의 만행을 일기에 기록하기 시작했다. 나치는 1935년에 클렘페러를 대학에서 쫓아냈다. 유대인이 아닌 여자와 결혼한 덕에 비참한 조건에서나마 다른 유대인보다 훨씬 오래 목숨을 부지할 수 있었으나, 1945년 초에 이송자 명단에 포함되고 말았다. 죽는다는 뜻이었다. 하지만 2월에 연합군이 드레스덴을 폭격하는 틈을 타 간신히 탈출했다. 중요한 사실은 클렘페러와 아내뿐 아니라 일기장도 살아남았다는 것이다. 클렘페러가 자신의 일기장을 토대로 내놓은 연구서 『제3제국의

언어: 어느 문헌학자의 기록Lingua Tertii Imperii: Notizbuch eines Philologen』은 이 분야의 고전으로 평가받는다. 책에서 클렘페러는 이렇게 말한다. "나치즘은 단어와 숙어와 문장 구조를 수백만 번씩 반복하여 기계적이고 무의식적으로 받아들이게 함으로써 사람들의 살과 피에 스며들었다." 클렘페러는 나치의 수사학을 경멸하기는 했지만 이것을 대수롭지 않게 무시하거나 망각해서는 안 된다고 생각했다. "거짓말을 늘어놓더라도 말투에서 본모습이 적나라하게 드러난다."

우리 사회는 수사학을 대체로 매우 부정적으로 바라본다. 얄팍하고 기만적인 언어와 동의어, 그러니까 '실제 내용'의 반대말이라고들 생각한다. 이 점에서는 아직까지도 플라톤의 영향이 남아 있는 것이다. 플라톤은 수사학이 논리적 대화의 적이라며 맹공을 퍼부었다. 물론 나치처럼 수사학을 이기적으로 악용하고 비이성과 증오를 부추기는 자들이 많다는 사실은 부인할 수 없다. 하지만 클렘페러는 중요한 점을 지적했다. 전체주의적 증오 발언이라는 극단적 사례에서도 수사학을 단순히 표면적 현상으로 치부하여 무시해버릴 수는 없다. 언어는 일종의 이데올로기 지문(指紋)이며, 해석하는 법만 알아낸다면 발언자의 정체를—그가 아무리 숨기려 해도—식별하는 수단이 된다. 따라서 우리는 수사학의 '표면'이 아니라 '이면'을 보아야 한다. 그뿐 아니라, 연설회장이 아무리 소란하고 연사가 아무리 목에 핏대를 세우더라도 소음 주위의 의미 있는 침묵, 즉 생략과 '말하지 않는 것'에 귀를 쫑긋 세워야 한다. T. S. 엘리엇의 희극 「칵테일 파티」에서 정신과 의사가 환자에게 말한다.

> 그저 당신을 관찰하기만 하고서도,
>
> 또는 마음껏 얘기하시게 내버려두고서도 얼마든지 알 수 있고,
>
> 말씀하시지 않는 것까지도 눈치챌 수 있습니다.
>
> 〔이창배 옮김, 『T. S. 엘리엇 전집』, 동국대학교출판부, 2001, 336쪽〕

약간의 편견과 선입견을 떨치기만 하면 된다. 나는 대학에서 현대 정치 수사학을 가르친다. 첫해에 학생들에게 논쟁 연설을 해본 적이 있느냐고 물었다. 한 학생이 대답했다. "예, 있어요. 하지만 일반적 논변만 사용했어요. **수사학은 전혀 안 썼어요.**" 이 단어를 내뱉을 때 학생의 목소리에 묻어난 경멸감에서 오늘날 사회가 수사학을 어떻게 바라보는지 많은 것을 알 수 있다. 내가 있는 곳이 영국이어서 그런 탓도 있다. 수사학과 의사소통 관련 학위 과정이 흔한 미국에는 이 주제를 긍정적으로 바라보는 사람이 더 많을 것이다.

저 학생은 수사학을 쓰지 않고도 이야기할 수 있다고 생각했는지도 모르겠지만, 수사학을 (가장 기본적인 용어를 써서) 설

득의 기술로 정의한다면 '일반적 논증'에 수사학을 동원하지 않고서 상대방을 설득할 가능성은 눈곱만큼도 없다. 수사학을 효과적으로 구사하는 것이 중요한 이유는 분명하다. 어떤 변호사가 사건을 완벽하고 논리적으로 파악하고는 있지만 배심원에게서 무죄를 이끌어내지 못한다면 누가 변호를 의뢰하겠는가?

게다가 우리는 수사학을 으레 공적 현상으로 생각하지만—실제로도 이 책은 수사학의 공적 측면에 초점을 맞춘다—수사학은 한편으로 사적 현상이기도 하다. 우리는 누구나 시각적으로, 언어적으로, 심지어 (SNS를 통해) 가상적으로 자신의 인격을 외부로 투사한다. 정치인이 유권자의 말투를 흉내내듯 우리도 실제 집단이든 가상의 집단이든 동료 집단의 말투를 무의식중에 흉내낸다. 수사학은 정치적 논쟁에서만 쓰는 것이 아니다. 집안에서 논쟁할 때에도 우리는 과거를 언급하고("지난주에는 내가 집안일 했으니까 이번 주는 당신 차례야!) 추상적 정의에 호소하고("그건 **정당**하지 않아!") 상대방에게 부정적인 성격을 부여한다("또 게으름 피우고 있네. 만날 이래!"). 어떻게 말하고 쓸 것인가에 대한 감(感)은 주위 사례에서 얻는다. 책이나 신문을 읽으면서, 텔레비전에서 정치인 연설이나 강연을 보면서, 설교를 들으면서, 친구나 가족이나 동료와 이야기를 나누면서 배우는 것이다. 공적 영역과 사적 영역의 경계선은 흔히 생각하는 것보다 더 흐릿하다. 대화와 연설은 역학관계가 사뭇 다르지만, 방송 인터뷰는 사적 대화의 관습을 나름의 방식으로 차용한다. 정치인은 (사적인 속성으로 여겨지는) 개인의 성품을 공공의 영역에서 활용하여 정치적 행위를 유도하기도 한다. 이렇듯 개인적 수사학은 개인의 사회적 정체성을 이루는 중요한 바탕이며, 이 정체성은 정치적 언어와 공적 언어의 토대가 된다.

  알든 모르든 누구나 어느 정도는 수사학을 접하며 산다. 연설을 하지도 듣지도 않는 사람이라도 수사학과 무관할 수는 없다. 이 책의 목적은 수사학을 옹호하는 것이 아니다(이미 딴 사람들이 훌륭하게 옹호했으니까). 수사학이 현재 쓰이고 있는 행태를 모조리 옹호하려는 것도 물론 아니다. 비열하거나 한심한 목적을 달성하려고, 자신의 무지를 감추려고 수사학을 악용하는 사람들이 주위에 득시글거린다는 사실에 눈감아봐야 이로울 것이 전혀 없으니 말이다. 다만, 이 책은 수사학의 긍정적 측면을 진지하게 들여다보고자 한다. 그 바탕은 수사학이 시민사회의 주춧돌이자 민주적 절차의 필수 요소라는 것이다. 민주적 절차가 제대로 작동하려면 설득력 있는 공적 발언을 주고받아야 하며, 이를 통해 신뢰와 사회적 결속을 다질 수 있다. 따라서 끊임없이 우리를 폭격하는 메시지의 정체를 간파할 수 있다면 수사학이 선인의 손에서든 악인의 손에서든 어떻게 작동하는지 이해함으로써 모든 시민이 이익을 얻을 것이다. 이 책은 타인의 수사학에 대한 비판적 안목을 키우고, 원한다면 자신의 수사학을 개선하는 데 필요한 도구를 서구 수사학 전통 위주로 독자에게 소개한다.

'수사학'이라는 용어는 글과 말(웅변술)을 아우른다. 이 책에서는 웅변술을 주로 다루겠지만 글에 대해서도 언급할 것이다. 어쨌거나 연설은 쓰인 글을 읽는 경우가 많고, 연설을 실제로 듣기보다는 문자로 접하는 사람이 많은 경우도 있으니 말이다. 물론 말은 말이 행해지는 주위 환경에 따라 다른 의미를 갖는다. 청중과 독자에게 전달되는 기술적 수단과 별개로 오로지 언어와 텍스트로만 수사학을 이해할 수는 없다. 텍스트 분석과 더불어, 수사적 메시지가 어떤 내용을 전달하고 어떻게 수용되는지에 대해 '정치학의 상징적 의식(儀式) 차원'(정치학자 앨런 핀레이슨Alan Finlayson과 제임스 마틴James Martin의 표현)이 어떤 영향을 끼치는지 살펴보아야 한다. 이 책에 깔려 있는 전제는, 발화의 '의미'를 알아내려면 텍스트만을 분석하는 것이 아니라 텍스트가 전달되고 중개되고 수용되는 상황을 함께 살펴보아야 한다는 것이다. 극적 구성, 신체성, 기술을 배제하고 언어와 사상에만 주목해서는 수사학의 기능을 제대로 이해할 수 없다.

내가 역사학을 전공하기는 했지만 이 책의 주제는 수사학의 역사가 아니다. 이 책은 학제간 연구의 관점에서 수사학, 언어학, 정치학, 문학 이론의 개념을 두루 차용한다. 물론 역사적 사실도 담겨 있다. 수사학을 온전히 이해하려면 언어를 사회적·정치적·문화적 맥락 안에 놓아야 하기 때문이다. 따라서 이 책은 불변의 수사학 법칙 같은 것이 있다는 주장에 다소 회의적이다. "왔노라, 보았노라, 이겼노라" 같은 삼절문(三節文) 기법은 천년 넘도록 매우 효과적인 조합으로 부동의 명성을 누렸지만, 이것이 두뇌의 타고난 속성을 반영하는 것인지 그저 오래된 문화적 습관인지는 분명치 않다. 수사학 법칙을 맹신하다가는 수사학의 성패를 좌우하는 다른 요인들을 간과할 우려가 있다.

　특히 유심히 살펴보아야 할 것은 정치 체제의 차이다. 영국 하원에서 연설하는 것은 미국 상원이나 유럽 의회나 프랑스 국민의회에서 연설하는 것과 다르다. 설령 체제가 비슷하더라도 연설 문화가 사뭇 다른 경우도 있다. 오스트레일리아는 영국처럼 다수제 민주주의(웨스트민스터 모델)를 채택했지만 영국 의원 저리 가랄 만큼 신랄한 정치적 모욕의 전통이 있다. 시간에 따른 변화에도 유의해야 한다. 영국 총리 W. E. 글래드스턴의 장황한 웅변조 연설은 19세기 말엽에만 해도 호평받고 열성팬도 거느렸지만 한 세기 뒤에는 아무도 거들떠보지 않는 신세가 되었다.

무엇보다 수사학은 생각을 **표현**하는 수단일 뿐 아니라 생각을 **생성**하는 수단이기도 하다는 사실을 알아야 한다. 논쟁을 벌이다보면 연설가(rhetor. 이따금 'speaker'와 'writer' 대신 이 단어를 쓸 것이다)는 자신의 평소 생각인 줄 알았던 것이 실은 전혀 새로운 것임을 깨닫고 자신의 입장을 정교하게 다듬어야 할 때가 있다. 친숙한 생각도 새로운 맥락에서 발화하면 새로운 의미로 해석될 수 있다. 어느 한 입장을 취하여 찬성측과 반대측의 수사를 두루 다루다보면 생각을 구체화할 수 있을 뿐 아니라 말하고 생각하는 새로운 방법을 찾을 수도 있다. 따라서 수사학은 기존의 견해를 알기 쉽게 풀어낸 일련의 진술도 아니요, 그 진술의 뒤에 숨은 '참뜻'을 포장하거나 은폐하는 표면적 현상도 아니다. 수사학은 자신과 세상의 관계를 바라보는 태도에 중대한 영향을 끼친다. 우리는 무엇을 말할지, 어떻게 말할지에 대한 통제권이 생각보다 작은지도 모른다. 클렘페러가 처했던 것보다 더 자유로운 상황에서도, 지배적인 수사학 문화는 우리의 공적 발언에 영향을 끼칠 뿐 아니라 심지어 사적 생각에도 침투한다. 따라서 우리가 '생각하는 것을 말할' 때 실은 지배적 수사학 문화가 더욱 강화되는 것이다.

제1장에서는 고전기부터 19세기 말엽에 이르기까지 수사학의 역사를 살펴본다. 제2장에서는 윈스턴 처칠이 '수사학

의 발판'이라 부른 핵심적 수사학을 설명한다. 이 방법들은 고대에도 잘 알려져 있었으며 현대에도 여전히 널리 쓰이고 있다. 제3장에서는 '수사학과 수사술에 어떻게 접근할 것인가'라는 기본적 문제를 논의한다. 제4장에서는 앞의 이론적 설명을 바탕으로 현대의 수사학 현상을 들여다본다. 수업에 활용하거나 독자 개개인이 '사고 실험'의 토대로 삼을 수 있는 짤막한 수사학 연습도 실려 있다.

제3제국의 언어

"히틀러는 뉘른베르크에서 소년들에게 연설하던 중에 이렇게 말했다. '함께 노래하라.' 모든 조치의 목표는 집단주의 속에서 개인의 귀를 멀게 하는 것이다. 일반적으로 **라디오**의 역할에 주목해야 한다! 여느 기술과 달리 새로운 것은 내용과 철학이 아니라 **양식**이다. 인쇄물은 탄압받고 있다. **웅변**, 구두 표현은 원시적이나 고차원적이다."

빅토르 클렘페러가 1934년 9월 14일 일기에서
나치의 수사학에 대해 남긴 기록

제 I 장

그리스인에서
글래드스턴까지

　지식의 한 분야로서의 수사학은 서기전 5세기 후반 아테나이에서 기원했다. 수사학을 만들어낸 사람들은 고대 그리스 여기저기에서 모여든 소피스트라는 교사 집단이었다. 프로타고라스, 고르기아스, 프로디코스, 히피아스, 트라시마코스는 오늘날까지 기억되는 주요 인물이며, 이들의 선배로 시칠리아인들인 코락스, 티시아스 등이 있다. 이들에 대해서는 알려진 것이 거의 없다. 다른 저술가들의 글에 단편적으로 인용되어 전해졌을 뿐이다. 이들의 사상을 가장 체계적으로 설명한 것은 공교롭게도 적수들의 저작이었다. 따라서 후대 학자들이 공들여 연구했음에도 소피스트의 이미지는 부정적일 수밖에 없었다. 오늘날 '소피스트술(sophistry, 궤변)'이라는 단어가 '기발하지만 청중을 오도하는 추론과 잘못된 논증을 설득력 있게 제시하는 기술'의 대명사로 쓰이는 것은 이 때문이다. 하지만 소피스트는 진지하게 연구할 가치가 있다. 특히 이들은 '의사소통술은 가르칠 수 있거니와 수지맞는 기술이다'라는 지극히 현대적인 사고방식의 선구자다.

소피스트가 연설을 발명한 것은 아니다. 연설은 그리스 초기 문헌(이를테면 호메로스)에도 언급되며 이미 정치 체제와 법률 체제의 요소였기 때문이다. 하지만 소피스트는 지식 전문가를 자임한 최초의 집단이었다. 이들은 서비스의 대가를 청구했으며 (비단 수사학이 아니더라도) 성공의 비결을 가르쳐줄 수 있다고 장담했다. 지식의 모든 분야를 가르쳤으며 이들의 가르침은 한편으로는 흥미진진했지만 다른 한편으로는 논란의 여지가 있었다. 소피스트가 높은 수수료와 신랄한 비난을 받은 것은 이 때문이다. 탁월함이 선천적이고 유전으로 전달되며 양육으로 강화된다는 귀족주의적 관점에 대해, 덕을 가르칠 수 있다고 믿은 소피스트는 능력주의적 관점으로 맞섰다. 그리스 동맹의 수장으로서 페르시아 전쟁을 승리로 이끈 아테나이는 민주주의 국가이자 제국이라는 새로운 역할을 해내느라 분투하고 있었다. 이런 상황에서, 웅변술의 규칙을 돈만 있으면 누구나 배울 수 있다는 주장만이 도발적인 것은 아니었다. 소피스트는 기존의 모든 가치에 의문을 던졌다. 하늘

이 내린 불변의 법칙은 없으며 중요한 것은 인간의 경험뿐이라는 것이었다. 소피스트는 수사학 이외의 분야에도 중요한 영향을 끼쳤다. 이를테면 이름난 역사가 투키디데스는 소피스트에게 영향받았다고 곧잘 간주된다. 근거 중심 역사학의 주춧돌이 된『펠로폰네소스 전쟁사』에서 서사를 이끄는 핵심은 연설이었다. 단, 이 연설은 투키디데스가 상상으로 재구성한 것으로, 그는 "내 생각에 각 상황에서 요청되는 것"을 연사의 입을 빌려 표현했다. 소피스트와 마찬가지로, 투키디데스는 타락하거나 저열한 수사학을 구사하는 데 거침이 없었다.

소피스트의 실용주의와 회의론은 역풍을 피할 길이 없었다. 크세노폰은 "소피스트는 이익을 얻으려고 말과 글로 사람을 속인다"고 주장했다. 소크라테스를 지식인의 전형으로 내세운 아리스토파네스의 희극『구름』에서는 소피스트를 '열등한 논증'으로 '우월한 논증'을 물리치는 법을 가르치는 자로 묘사했다. (주인공은 채무를 면제받고 싶어서 필사적으로 이 기법을 배우지만, 그의 아들이 아비를 때리면서 이 기법으로 자신의 행위를 정당화한다.) 특히 진실이 아니라 확률을 바탕으로 논증을 옹호한다는 비난을 들었다. 고전적 예로 티시아스(또는 코락스)는, 용감하지만 약한 사람이 힘세지만 비겁한 사람을 폭행하여 재판에 회부되었다면 약한 사람이 힘센 사람을 공격할 확률은 낮다는 걸 강조해서 스스로를 변호하면 된다고 했

"사건의 변화에 걸맞도록 단어도 평상시 의미와 달라져야 했다. 무모한 공격으로 묘사되던 행위가 동지의 용기로 간주되었다. 미래를 예측하고 기다리는 것은 비겁자를 자인하는 꼴이었다. 중도는 남자답지 못한 성품을 감추려는 술책에 불과했다. 사안을 모든 측면에서 이해하는 능력은 행동 무능력을 의미했다."

코르키라 내전이 언어에 끼친 영향에 대한 투키디데스의 설명

다. 하지만 소피스트가 확률론 논증을 최우선으로 고려하지는 않은 듯하다. 확률은 진실을 알 수 없을 때―대부분 그랬다―사용할 수 있는 한낱 도구에 불과했다. 진실을 외면하고 협잡을 부린다는 비난은 부당한 것이었는지도 모르지만, 이 비난은 증폭되어 확고히 자리잡았다. 소피스트의 가장 열렬한 비판자 플라톤 때문이었다.

플라톤이 소피스트를 증오한 데는 그럴 만한 이유가 있었다. 플라톤은 두 대화편에서 소크라테스와 소피스트 프로타고라스 사이에 싸움을 붙인다. 『프로타고라스』에서 프로타고라스는 공동체적 삶과 공유된 가치를 토대로 덕을 옹호하는 인물로 묘사된다. 그런데 『테아이테토스』에서는 윤리학과 지식에 대한 극단적인 상대주의자로 표현된다. 이에 반해 플라톤의 사상을 대변하는 인물 소크라테스는 위 두 대화편에서, 변증술을 올바르게 행함으로써 지식을 얻어야 한다고 주장하

는 인물로 묘사된다.『국가』같은 그 밖의 대화편에서도 객관적이고 절대적인 지식은 오로지 변증술로만 얻을 수 있다는 주장을 찾아볼 수 있다. 따라서 플라톤은 프로타고라스로 대표되는 상대주의적 도덕관념을 철저하게 반대한 듯하다. 더 넓게 보자면, 플라톤이 프로타고라스를 비롯한 소피스트에게 비판적인 이유는 소피스트의 활동과 아테나이 민주주의의 관계 때문이었는지도 모른다. 플라톤이 보기에 소피스트의 활동은 여러 면에서 매우 미심쩍었다. 서기전 399년에 소피스트들이 소크라테스를 재판하고 처형한 것도 한몫했다.

수사학에 대한 공격이 극에 달한『고르기아스』에서 반(半)허구적 인물 소크라테스는 수사학뿐 아니라 공적 정치 전부가 도덕적으로 의심스럽다고 주장한다. 철학과 (소크라테스가 선호하는) 변증술에 배치된다는 이유에서다. 변증술은 사람들이 논리적 주장을 주고받으며 스스로 진리를 찾아내는 방법이다. 소크라테스는 일찌감치 고르기아스의 콧대를 꺾는다.

소크라테스: 그렇다면 연설술(수사학)은 정의로운 것들과 부정의한 것들에 관해 확신을 갖게 하는 설득의 장인이지 가르칠 수 있는 설득의 장인은 아닌 것 같습니다.

고르기아스: 그렇지요.

소크라테스: 따라서 연설가는 정의로운 것과 부정의한 것에 관

해 법정이나 그 밖의 군중에게 가르침을 줄 수 있는 자는 전혀 아니고 그들을 설득할 수 있는 자일 뿐입니다. 실로 그처럼 큰일에 관해서 그렇게 많은 군중을 짧은 시간에 가르칠 수는 없을 테니까요.

고르기아스: 당연히 없지요.

〔플라톤 지음, 김인곤 옮김, 『고르기아스』, 이제이북스, 2011, 80~81쪽〕

고르기아스가 황급히 토론장에서 퇴장하고 제자인 폴로스와 칼리클레스(소피스트의 영향을 받은 것으로 묘사되는 정치인)가 나서지만 변론 실력은 고르기아스보다 나을 것이 하나도 없다. 소크라테스는, 수사학은 **테크네**(기술)가 아니라 잔재주에 불과하다고 주장한다. 요리에 비할 만한 일종의 피상적 '아첨'으로, 정말 좋은 것이 아니라 듣기에 즐거운 것만을 가르친다는 것이다. 소크라테스는 소피스트나 거의 모든 아테나이인과 대조적으로 자신만이 진정한 정치 행위를 실천한다고 주장한다. "내가 매번 하는 발언들은 보답을 목적으로 하지 않고 최선의 것을 목적으로 하며 가장 즐거운 것을 목적으로 하지 않기 때문이네."〔『고르기아스』, 205쪽〕 심지어, 채신머리없이 군중에게 호소하기보다는 부당한 고발에도 침묵을 지키는 게 낫다고 생각했다. (소크라테스가 법정에서 진술한 것은 사실이지만, 태도는 매우 도발적이었다.) 소크라테스는 시민의 정신을 고양시키려는 숭고한 수사술이 이론적으로 가능함을 인정하면서도 고금을 막론하고 어느 웅변가도 이러한 수사술을 구사하지 못했다고 말한다. 소크라테스는 자신만이 진정한 정치술의 보유자이며 변증술만이 올바른 논증 방법이자 정치적 삶의 유효한 매체라고 주장한다.

소크라테스는 논쟁에서 승리를 거둔다. 너무나 손쉽게. 플라톤의 여느 대화편과 마찬가지로 주인공의 적들은 어리석은 실수를 저지르고, 명백한 논점을 놓치고, 소크라테스의 주장에 아무리 논란의 여지가 있어도 맥없이 수긍한다. 이를테면 소크라테스는 페리클레스가 처음에는 인기를 누렸지만 고마움을 모르는 아테나이인들이 말년에 그를 재판에 회부하여 유죄를 선고했다는 이유로 그의 정치력을 비판한다. 따라서 군중을 가라앉히려고 구사한 수사가 오히려 군중의 분노를 북돋운 것은 당연한 귀결이었다는 것이다. 하지만 소크라테스의 적수 중 누구도 페리클레스의 몰락 원인을 다른 곳에서 찾지 않았으며 아무리 뛰어난 웅변가라도 상황에 따라 얼마든지 실패할 수 있다고 반박하지 않았다. 또한 자신은 '정치가가 아니'라는 소크라테스의 주장은 그가 구사하는 정교한 수사술과 상충한다. 소크라테스는 일장 연설을 늘어놓고 상대방의 논증에 모순이 있다고 꼬집는다. 물론 더 아이러니컬한 사실은 플라톤이 문학적·수사적 대화법을 이용하여 자신의 논증에서 약점을 감추고 적수인 소피스트에게 불리하도록 수를 쓴다는 점이다.

브라이언 비커스(Brian Vickers) 말마따나 "플라톤은 수사학을 희화화함"으로써 후대에 막대한 영향을 끼쳤으며 소피스트의 명성은 "플라톤의 일격에서 결코 회복되지 못했"다. 군중의 비합리성과 공적 언어의 남용에 대한, 널리 퍼지고 뿌리 깊은 두려움을 건드리지 않았다면 플라톤이 이만한 영향력을 행사하지 못했으리라는 것 또한 분명하다. 플라톤이 소피스트를 부당하게 대접했다고 볼 수는 있겠지만, 정치인과 법률가의 허울뿐인 언어 사용에 대해 우려한 것은 결코 잘못이 아니었다. 하지만 수사학을 **모조리** 비난하면서―적어도 『고르기아스』에서는―도를 넘어버렸다. 중요한 사안에 대한 논의를 순전히 세련된 변증술 과정만으로 해낼 수 있다는 주장은 현실과 동떨어졌다. 물론 수사학이 '지식 없는 믿음'을 창조한다는 플라톤의 그럴듯한 주장은 오늘날까지 메아리를 일으킨다. 그러나 수사학에 대한 의심을 부채질할 수 있었을지는 몰라도 그 흐름을 멈추기에는 역부족이었다. 아테나이의 정치가 데모스테네스(서기전 384~322년)는 그리스의 웅변가 중에서 최고로 손꼽히는 인물로, 그가 마케도니아 왕 필리포스 2세를 공격한 뒤로 격렬한 비난 연설은 '필리포스적(philippic)'이라고 불리게 되었다(하지만 필리포스 2세는 여전히 아테나이를 지배했다).

'가능한 설득 수단'

수사학 교육법이 정교하게 다듬어졌음에도 변증술과 수사술의 관계는 여전히 논란거리였다. 이소크라테스(서기전 436~338년)는 '아티카 10대 웅변가'로 명성이 자자했다(10대 웅변가 중 일부는 남의 연설문을 대필하는 일을 했다). 그가 세운 수사학 학교는 수사학 규칙, 수사학의 실제, 실례의 사용에 중점을 두었으며 이는 수사학 교육법으로 확립되었다. 또한 이소크라테스는 자신이 쓴 연설문 초고를 학생들에게 비판하도록 했다. 「소피스트 반대론」을 쓰기는 했지만 그 또한 소피스트였다. 그는 다른 교사들의 열등한 방법을 표적으로 삼았으며 플라톤 학파의 편협한 변증술 중심주의를 염두에 두었을 것이다. 이소크라테스는 수사학과 내면적 정신 논리 사이의 연관성을 밝혀냈다.

우리는 공적 연설에서 남을 설득할 때와 스스로 숙고할 때 같은 논증을 구사한다. 우리는 군중 앞에서 말할 줄 아는 자를 능변가라 부르고 머릿속에서 문제를 자유자재로 논하는 자를 현인이라 한다.

이소크라테스의 입장은 일종의 지적 겸손을 토대로 삼았다. 무엇을 말할지, 무엇을 행할지를 인간 정신이 과학적으로 확증하는 것은 불가능하므로, 최선의 행동에 최대한 가까이 다가가려면 추론을 구사하는 것이 지혜로운 행동이었다. 나아갈 길을 단단히 다지기 위해 수사학적 숙고를 해야 했던 것은 이 때문이다.

아리스토텔레스(서기전 384~322년)도 수사학을 옹호했지만, 수사학을 학문의 총체로 여기지는 않았다. 아리스토텔레스는 플라톤의 제자였으나 스승과 견해가 어긋날 때가 많았으며, 단편으로만 전하는 초기 작품 중에는 이소크라테스를 공격하고 수사학이 **테크네**가 아니라는 주장을 변호하는 글이 있었던 것으로 추정된다. 하지만 『수사학』으로 알려진 저작들에서는—『수사학』은 세 권으로 이루어졌으며 애초에 한 권으로 쓸 의도가 없었는지도 모른다—수사학이 **테크네**라는 견해가 분명히 드러나 있다. "수사술과 변증술은 짝이다"라는 첫 문장은 둘을 별개의 동등한 학문으로 간주한다. 아리스토텔레스는 모든 사람이 형식논리를 이해할 수는 없기 때문에 사람들을 설득하려면 모두가 알아들을 수 있는 개념을 써야 한다고 생각했다. 게다가 수사학이 오용될 우려가 있다면 힘, 건강, 부, 지략을 비롯하여 "탁월함을 제외한 모든 좋은 것"도 마찬가지로 오용될 우려가 있다고 여겼다. 모순되는 주장을 펴는 능력이 필요한 것은 악을 행하도록 사람들을 설득하기 위해서가 아니라 부당한 논증을 알아차리고 반박하기 위해서였다. 수사학은 이성을 사용하는 자기 방어 수단—몸을 사용하는 자기 방어 못지않게 정당하고 더더욱 인간에게 고유한 수단—이었다.

아리스토텔레스는 중요한 정의를 몇 가지 제시했다. 수사학은 "어떤 경우에든, 가능한 설득 수단을 찾아내는 능력"으로 정의되었다. 말하자면 단지 미사여구를 지어내는 것이 아니라 상황을 파악하고, 청중의 마음을 사로잡기 위해 수사학의 요소를 가장 효과적으로 배열하는 법을 알고, 청중을 파악하여 그들에게 통하는 방법이 무엇인지 알아야 했다. 또한 아리스토텔레스는 수사학을 사법적 수사학, 제시적 수사학(예: 추도사), 토론적 수사학(법률을 통과시키거나 전쟁을 선포하는 등 청중이 특정한 행동을 하도록 설득하는 것)의 세 장르로 나누었다. 연설에 담길 '논거'도 세 가지로 구분했다. "첫번째 종류는 연사의 개인적 성품에 달렸고, 두번째는 청중을 어떤 정신적 틀에 넣느냐에 달렸고, 세번째는 연설 자체의 논거(또는 외견상의 논거)에 달렸다." 각각 **에토스**(성품), **파토스**(청중의 감정, 또는 감정적 성품), **로고스**(논리 또는 담화)를 바탕으로 삼는 것이다. 여기서 아리스토텔레스는 양다리를 걸친 듯하다. 수사학이 논거를 다룬다고 주장하면서는 감정이 아니라 이성이

연습

친구들과 위험한 밀림을 탐험한다고 가정해보자. 그런데 갑자기 우두머리 제럴딘이 옆에 있는 호수에 다들 뛰어들라고 재촉한다. "지금 엄청나게 위험한 상황이야. 설명할 시간 없어. 내가 전에 거짓말한 적 있어? 그러니 내 말 믿어. 안 그러면 죽는다구. 뛰어, 어서 뛰란 말이야!"

동료 나이절이 대꾸한다. "이봐들, 진정해. 제럴딘이 대체로 현명한 지도자이고 전에도 여러 번 우리의 목숨을 구해준 것은 사실이야. 하지만 과거 경험에 비추어 보면 짓궂은 장난을 무척 좋아하는 것 또한 사실이지. 명백한 위험은 없어. 게다가 제럴딘 자기는 안 뛰어들잖아. 제럴딘 말 듣지 마. 괜히 물에 빠진 생쥐 꼴 되지 말고!"

이 예를 출발점 삼아, 말하는 사람의 성품이 주장의 타당성에 영향을 끼칠 수 있는지 논의하라. 자신의 결론을 제삼자의 입장에서 표현해보라.

바탕임을 강조했으며 **에토스**와 **파토스**가 일종의 논거라고 주장하면서는 조작적 기법을 논리와 비슷한 지위로 승격시켰으니 말이다. 하지만 이런 모순에도 불구하고 아리스토텔레스의 글은 수사학을 체계적으로 분석한 중요한 업적이며 그가 창안한 분류는 오래도록 영향을 끼쳤다.

그리스의 지식, 로마의 가치

아리스토텔레스가 죽은 뒤에 수사학은 상류층 청년의 교육에서 점차 필수 요소가 되었다. 기본적 수사학 연습인 **프로김나스마타**(progymnasmata)와 고급 과정인 이론의 적용과 분석이 교육 과정에 포함되었다. 아리스토텔레스 학파(소요학파)의 가르침은 로마에서 큰 영향력을 발휘했으며(그들이 쓴 많은 수사학 교재는 현재 대부분 유실되었다), 간결하고 소박한 연설을 가르친 스토아 학파의 사상도 유행했다. 하지만 시대를 초월한 수사학의 '고전 전통'이 시간, 문화, 장소의 영향을 뛰어넘어 그리스인에게서 로마인에게 고스란히 전달되었다는 생각은 오해의 소지가 있다. 그리스의 학문은 통일된 지식이 아니라 이질적 산물이었으며, 그리스 학문의 수용은 로마에서 큰 논쟁거리였다. 그리스 학문을 환영한 사람들도 그리스 저술가들을 맥락에서 떼어내 나름의 목적에 맞게 활용했다. 따라서 헬레니즘 수사학은 통째로 수입된 것이 아니라 선별적으로 전유되고 토착화되었다. 수사학이라는 분야는 확립된 사회적 규범을 반영하고 유지하고 형성하는 구성물이었다. 괄티에로 칼볼리(Gualtiero Calboli)와 윌리엄 J. 도미니크(William J. Dominik) 말마따나 "로마 수사학은 폭넓은 문화적 과정의 일부, 즉 단순히 구어와 문어에 적용되는 규칙 체계가 아니라 로마의 사회와 문학을 탐구하는 기본 요소로서 파악해야 한다". 수사학은 단순한 논증 수단이 아니었다. 수사학 자체가 **논증의 대상**이었으며, 수사학이 논란거리가 된 이유는 바로 이 포괄적 가치 때문이었다.

그리스 수사학이 언제 어떤 경로로 전파되었는가는 분명치 않다. 확인할 수 있는 최초의 시기는 그리스의 수사학 교사들을 로마에서 추방하라는 칙령이 공포된 서기전 161년이다(칙령은 효과를 거두지 못한 듯하다). 훗날 그리스의 영향을 글로 남긴 마르쿠스 툴리우스 키케로(서기전 106~43년)는 그 자신이 법률가이자 정치가로서 매우 뛰어난 웅변가였으며 역사가이자 수사학자이기도 했다. 키케로의 삶과 사상을 보여주는 증거는 다른 인물들에 비해 풍부하게 남아 있다. 따라서 로마 수사학—적어도 키케로 이전의 수사학—을 들여다볼 때 키케로라는 전형적 인물의 관점에서 벗어나기 힘들다. 키케로에 따르면 로마의 초기 웅변가들은 배우지 않고도 뛰어난 솜씨를 발휘했으나 문채(文彩)와 세련미가 부족했는데, 이를 습득하려면 그리스 수사학을 익혀야 했다. 그리스 수사학으로 무장한 로마인들은 "능변을 향한 실로 믿을 수 없는 열정으로 가득찼"으며 어떤 인종보다 웅변 솜씨가 뛰어났다. 하지만 이 말은 객관적 관찰이 아니라, 자신의 화려한 문채를 (퇴폐적이라고 비판한 사람들에게 맞서) 옹호한 것으로 보아야 한다. 율리우스 카이사르 암살 이후의 격변기에 살해당한 뒤로 키케로는 웅변술의 상징이 되었다. 이는 키케로가 일생 동안 자신의 수사학적 평판을 다지려고 노력했기 때문이기도 하고 사후(死後)에 그를 이상적 웅변가로 떠받드는 것이 정치적으로 유리했기 때문이기도 하다.

키케로의 시대에 공화주의자 엘리트 정치가는 대중의 지지를 확보함으로써 영향력을 끌어올리는 수단으로 대중 집회에서의 웅변을 활용했다. 아테나이의 대중 집회에서는 모든 남성 시민이 발언했지만 로마의 원로원 연설은 재산가의 전유물이었다. 로마 시대에는 언어문화가 사회 질서와 연결되었다. 로마 청년들의 수사학 연습 방법 중에는 (자신들의 장래 모습인) 법률가, 노예주, 후원자 같은 권위 있는 인물의 입장에 서서 이들의 역할을 연기하는 것이 있었다. 수사학과 연설의 개념들은 결코 사회적으로 중립적이지 않았으며 사회 안의 위계 및 긴장과 늘 연관되었다.

수사학은 계급뿐 아니라 성별과도 관계가 있었다. 로마인이 보기에 연설은 전적으로 남성의 활동이었으나 ('행동'과 대조되는) 교묘한 설득 기법은 여성적 교활함을 연상시켰다. (사포의 시에서 보듯 여성에게도 뛰어난 문학적 재능이 있었으나 여성은 고전 수사학에서 완전히 배제되다시피 했다.) 따라서 웅변가들은 꼿꼿한 자세, 단호하지만 절제된 몸짓, 고음의 '여성적인 새된 비명'을 삼가는 어조 등을 통해 남성다움(지배자로서의 적

키케로 수사학의 힘

"그러니 퀸투스 리가리우스가 카이사르에 맞서 반란을 일으켰다는 이유로 고발되어 키케로가 변호를 맡았을 때 카이사르가 친구들에게 이렇게 말한 것과도 관계가 있다. '한번 더 키케로의 연설을 듣지 못할 이유가 어디 있겠는가? 리가리우스가 악당이고 적이라는 것에는 의문의 여지가 없지 않은가.' 하지만 말문을 연 키케로는 놀랍게도 카이사르의 마음을 움직였으며, 키케로가 다채로운 파토스와 매력적인 언어로 연설을 이끌어 나가는 동안 카이사르는 낯빛이 수시로 달라졌다. 카이사르의 마음속에서 온갖 정념이 소용돌이치고 있었음이 분명하다. 마침내 키케로가 파르살루스 전투를 언급하자 카이사르는 감동하여 몸을 떨었으며 손에 들고 있던 종이를 떨어뜨렸다. 연설에 압도된 카이사르는 리가리우스에게 무죄를 선고했다."

플루타르코스의 『키케로전』에서

격성)을 과시하려고 애썼다. 문학적 고결함은 도덕적 고결함과 남성다움의 표현이었다. 신체적 쇼맨십이 일종의 정치적 연기라면 연설 또한 문학적 생산물이며 그곳에서는 수사학, 역사, 문학의 경계가 아주 흐릿해진다. 로마의 시인과 풍자가의 작품에는 수사학 훈련의 흔적이 많이 남아 있다. 연설은 받아 적고 베껴 적고 돌려 보았다. 감상하기 위해서라기보다는 더 구체적인 목적이 있었을 것이다. 그러려면 일손―노예와 자유민으로 이루어진 **리테라티**(literati, 글을 아는 사람)—과 신 기술이 필요했다. 키케로의 노예 티로는 일종의 속기술을 발명하여 연설을 고스란히 받아 적었다고 한다.

연설의 시행과 수용은 원로원의 서열, 법정의 절차와 관습(변호인이 연설에 박수갈채를 보낼 방청객을 고용하는 관습도 있었다)에 따라 달라졌다. 폭넓은 정치 구조도 영향을 끼쳤다. 공화정이 무너지자 많은 당대인들은 수사학의 수준이 떨어졌다고 생각했다. 하지만 그런 주장을 받아들일 때는 신중을 기해야 한다. 수사학은 폭넓은 사회적·정치적 비평의 역할을 했기 때문이다. 제국 치하에서도 웅변술을 펼칠 기회는 얼마든지 있었다(다만, 정책 수사학은 무비판적 찬양 연설로 황제에게 아첨하는 쪽으로 변해갔다). 활기찬 수사학 문화는 여전히 남아 있었다. 마르쿠스 파비우스 퀸틸리아누스(약 35~96년)는 12권으로 이루어진 기념비적 저서 『웅변 교수론』에서 윤리 교육의 수단으로서 수사학을 강조하고 키케로를 높이 평가했다. 2~3세기에 활동한 이른바 제2의 소피스트들은 그리스 수사학 문화를 로마 제국에서 새로이 꽃피웠다. 하지만 이 운동에 대한 당대인들의 묘사는 내용보다 형식을 중시한다는 소피스트술의 이미지를 더욱 고착시켰다.

중세에 적응하여 살아남은 수사학

고전 학문이 이른바 '암흑기'(중세 연구자들은 이제 이 용어를 쓰지 않는다)에 사멸했다가 중세 후기 이후에 저절로 부활했다는 통념이 있다. 물론 수사학의 중요한 저작을 비롯한 많은 작품이 사라지거나 오랫동안 잊힌 것은 분명하다. 하지만 이 시기에 생각보다 많은 수사학 문헌이 유포되었을 가능성이 있다. 게다가 성서를 비롯한 초기 기독교 문헌에서도 그리스 및 로마 수사학의 영향을 찾아볼 수 있다. 바울은 로마 시민으로 태어났으며, 수사학을 공식적으로 배웠는지는 모르지만 그의 편지에 나타나는 논증 기법은 문화적으로 확립된 수사학 규범을 반영한다. (이 편지들은 기독교인 회중에게 낭독하라고 쓴 것이어서 두 가지 수사학적 형태가 흥미롭게 뒤섞였다.) 훗날 성 아우구스티누스는 기독교 설교술을 논의하면서 키케로와 퀸틸리아누스의 수사학을 많이 차용했다. 성 히에로니무스는 환상 속에서 자신을 "기독교인이 아니라 키케로주의자"라고 책망하는 소리를 들었다. 기독교인은 수사학이 이교도의 학문이나 세속적 학문이라는 의혹을 품었을지는 모르지만 사람들을 기독교로 개종시키려면 수사학의 기법을 무시할 수 없었다. 후대 저술가들도 교부들을 매혹한 작품을 외면하기 힘들었다.

하지만 고전 학습이나 수사학 자체를 서구의 전유물로 여겨서는 안 된다. (전부는 아닐지라도) 많은 사회에 웅변술이 존재했다. 이를테면 중국에서는 서기전 5~3세기에 수사학 체계가 발전했는데, 그리스 수사학과 독립적으로 발전했지만 공통점도 있었다. 로마는 지금의 중동 지역을 통치하면서 뿌리 깊은 수사학적 유산을 남겼다. 이는 기독교인에게만 해당하는 것이 아니었다. 7세기에 탄생한 이슬람교는 옛 문화 현상을 계승하여 새로운 목적과 조건에 맞게 다듬었다. 필립 할덴(Philip Halldén)은 이렇게 주장했다. "그 말은, 수사학 분야에서는 이교도 수사학의 고대 전통이 기독교의 목적에 맞게 수정된 것과 마찬가지로 무슬림 설교자의 특수한 필요에 맞게 옛 전통이 수정되었다는 뜻이다." 이슬람교의 설교 지침서가 옛 수사학 교재를 본떴는지는 분명치 않지만, 아랍은 고전 학문의 보고였으며 그중 일부는 유럽으로—아마도 비잔틴 제국과 스페인을 거쳐—다시 전파되었다. 그러니 아리스토텔레스의 『수사학』이 결국 유럽에 다시 소개된 것은 아랍어에서 라틴어로 번역되었기 때문이다. 하지만 그리스 수사학이 어떤 영향을 끼쳤든 이슬람 수사학은 그 자체로 이해해야 한다. '수사학'이라는 단어는 아랍어에서 두 가지로 번역할 수 있다. **판 알카타바**는 평신도를 대상으로 한 설교술을 일컬으며 표현과 생각 전달을 강조한다. **일름 알발라가**(능변학)는 언어적 순수성을 일컫는다. **일름 알발라가**에는 문학적 의미뿐 아니라 종

교적 의미도 있었다. 이슬람교는 전파 과정에서 종종 비(非)
아랍 문화와 맞닥뜨렸다. 아랍어는 종교 전파의 수단이었기
때문에 깨끗하고 때묻지 않은 상태를 유지해야 했다(이 말이
정확히 무슨 뜻인지 모두가 동의한 것은 아니었다).

　기독교 세계와 이슬람교 세계의 조우는 종종 폭력적이었으
며 수사학은 갈등을 부채질하는 역할을 했다. 중세의 연설 중
에서 가장 유명한 것으로는 1095년 클레르몽 공의회에서 교
황 우르바누스 2세가 한 연설을 들 수 있다. 이 연설을 계기로
시작된 1차 십자군 원정은 4년 뒤 예루살렘 약탈로 절정에 이
르렀다. 우르바누스 2세가 정확히 무슨 말을 했는지는 알 수
없다. 십자군 원정의 결과가 알려진 뒤에 증인으로 여겨지는
사람들이 기억을 더듬어 기록한 네 편의 서로 다른 녹취록만
이 남아 있을 뿐이다. 따라서 이 연설문들은 돌이켜 생각건대
우르바누스 2세가 말했을 **법한** 구절을 재구성한 것으로, 투키
디데스의 기법을 연상시킨다. 문학적 진실을 도덕적 목적에
종속시키는 이런 관행은 큰 틀에서 중세적 사고의 특징이었
다. 많은 현대 학자가 개탄한 것도 납득할 만하다. 비난은 당
시의 수사학 교육에까지 번졌다. 비커스 같은 학자들은 중세
에 수사학이 풍비박산 났다고 한탄했다.

　이들의 분석에 따르면 세속적 연설 기술은 중세에 종언을
고했다. 수사학은 문법, 논리학과 더불어 7개 교양과목 중 하

위 3학과('트리비움')로 전락했다. 실천의 영역에서 협소한 지성의 영역으로 밀려난 것이다(혹자는 수사학이 극도로 실용적인 면에 치중했다고 말하기도 했다). 수사학은 '화석화'되었다. 고전 교육에서 살아남은 요소는 맥락에서 떨어져나갔으며, 교과서는 늘었지만 지나치게 전문화되어 보편적 목적을 잃고 말았다. 수사학 문헌을 비롯한 고전 문헌에 주석을 다는 관행은 무분별한 고전 숭배의 징표였다. 비커스에 따르면 "르네상스 수사학이 관점을 제대로 돌려놓"는 것은 훗날을 기약해야 했다.

하지만 같은 현상을 다르게 볼 수도 있다. 주석은 지적 맹종의 표현이 아니라 선배들의 글을 해설하고 선배들과 일종의 대화를 나누는 것으로 생각할 수도 있다. 여기에는 비판도 따랐다. 고전 저술가들을 그 자체로 이해하기보다는 쓸모 있는 부분만 뽑아내는 것이야말로 가차없는 실용주의 아닐까? 존 O. 워드(John O. Ward)는 중세에 '수사학 혁명'이 일어났다고 주장했다. 편집, 취합, 발췌 과정을 통해 부적절한 내용을 걸러내어 고전 이론을 당시의 목적에 맞게 수정하려 했다는 것이다. 이러한 활동은 "국지적 용도에 걸맞도록 문헌을 짜깁기하여 새로운 종합을 이루었을 뿐 아니라 주요 고전 문헌이 르네상스 시대까지 보존될 만큼 충분히 복제될 여건을 조성했"다. 그렇다면 중세에 수사학이 길을 잘못 든 것이라기보다는 후대의 발전을 위해 길을 닦았다고 보아야 할 것이다.

　중세의 교육과 문학에서 수사학이 얼마나 중요했는가는 아무리 강조해도 지나치지 않다. 물론 읽고 쓸 줄 아는 사람의 수는 매우 적었다. 수준 높은 교육은 주로 라틴어로 이루어졌으며, 문헌이 부족한 탓에 암기하는 것이 중요했다. 중세인은 모범 문헌을 베끼고 살을 붙이라고 강조했으며 엄격한 구조로 정형화된 문구를 선호했다. 당시의 그림에서 설교자가 손가락으로 숫자를 헤아리는 동작은 자신이 어느 부분을 설교하고 있는지 표시하는 수단이었는지도 모른다. 시의 연구는 알레고리의 사용을 촉진했으며 교실에서 행하는 연습 연설〔고대 인물의 입장이 되어 견해를 표명하는 수사학 교육법〕은 그 밖의 글쓰기 형태―이를테면 (종종 상상의 산물임이 분명한) 연설과 논쟁의 재현을 포함하는 역사 서술―에 영향을 끼쳤다. 실제 있었던 주제를 다루는 저자가 터무니없거나 명백히 잘못된 내용을 언급하더라도 이 사람이 속아 넘어갔거나 착각했다고 섣불리 단정해서는 안 된다. 이들은 초심자를 위해 정교한 구조로 글을 쓰는 숙련자였다. 허구적 요소를 넣은 정확한 목적은 알아내기 힘들지도 모르지만, 학식 있는 독자가 이해할 수 있는 형태로 고차원적 진실(로 여겨지는 것)을 제시한다는 수사학적 목적에는 분명히 부합했다.

중세의 수사학 교육

"연습이 정신을 담금질하는 동시에 벼린다는 사실에 비추어 볼 때 베르나르는 학생들에게 듣는 대로 모방하도록 하려고 온갖 애를 썼을 것이다. …… 또한 산문과 시를 모방하는 초심자 연습에서는 학생들에게 본보기가 되는 시인과 웅변가에 대해 설명했을 것이다. 저자가 쓴 단어들이 얼마나 교묘하게 얽혀 있는지, 말하는 내용이 얼마나 우아한 결론을 내리고 있는지 지적하면서 학생들에게 본보기를 따르라고 훈계했을 것이다.

솔즈베리의 존이 『메타로지콘 Metalogicon』(1159)에서 회상한
12세기 교사 샤르트르의 베르나르 교육법

르네상스, 계몽주의, 혁명

중세의 비합리성을 과장해서는 안 되듯 르네상스의 합리성과 '근대성'을 과장해서도 안 된다. 물론 중세와 르네상스 사이에 연속성이 있기는 했지만 극적인 기술적·이념적 발전이 수사학의 전파와 수용에 영향을 끼치기도 했다. 인쇄기가 발명되자 책자가 널리 유포되었는데, 그중에서 가장 유명한 것은 성서였지만 토박이말로 쓴 수사학 교재도 점차 늘었다. 기독교 문서와 설교집을 대량으로 보급할 수 있게 되자 종교개혁이 한층 힘을 얻었으며 이로 인해 수사학을 논의하는 방식

도 달라졌다. 『수사술Arte of Rhetorique』을 쓴 신교도 토머스 윌슨(Thomas Wilson)은 예수가 제자들에게 빵을 주면서 "이것은 내 몸이다"라고 말한 것이 문학적 진실이 아니라 수사학적 상징이었다고 주장했다. 구교가 성서의 언어 구조를 해석하지 못하여 중대한 신학적 오류를 저질렀다는 것이다. 그렇다고 해서 성서의 상징이 (나름의 방식으로) 옳지 않다는 뜻은 아니었다. 마르틴 루터는 이렇게 말했다. "속세의 수사학자들은 사물 자체를 소통하고 드러낸다는 인상을 주도록 어휘를 배열한다고 자랑하나 이것은 바로 (성) 바울의 특징이요, 말하자면 성령의 특징이다."

고전 교육은 여전히 매우 중요했으며, 에라스뮈스 같은 학자가 옹호하는 인문주의 교육의 핵심이었다. 수사학을 가르쳐 바람직한 엘리트 정치인을 길러내려는 바람은 토머스 엘리엇(Thomas Elyot)의 『위정자론The Book named the Governor』이라는 영향력 있는 저서에 반영되었다. (마키아벨리의 『군주론』은 지침서라는 장르를 근사하게 뒤집어 국가의 생존에 필요할 때는 통치자가 국민에게 거짓말을 해야 한다고 주장했다.) 영국의 문법학교는 학생들이 토론술을 익히기를 바랐다. 셰익스피어는 희곡에 인용한 고전들을 학교에서 처음 접했을 것이다. 이런 교육이 정치철학자 토머스 홉스에게 영향을 끼쳤음을 밝힌 퀜틴 스키너(Quentin Skinner)는 고전이 기독교적 목적을 위해 활용되었다고 말한다.

감정을 흥분시키는 기법을 갖춘 고대의 아르스 레토리카〔수사술—저자주〕, 특히 고전적 장엄체는 인간의 영성을 표현하는 수단이자 진리를 왜곡하지 않고 진리로 향하는 길을 밝히고 우리를 인도하는 수단으로 간주되었다.

문학 수사학도 종교적 목적에 이용될 수 있었다. 고전에서 영향을 받은 존 밀턴의 『실낙원』에서는 악마가 설득력 있는 연설을 구사한다. 이것은 부도덕을 승인하는 것이 아니라 "하느님의 길을 인간에게 정당화"하려는 밀턴의 전체 기획의 일환이었다. 후대 평론가 말마따나 『실낙원』에서 사탄은 "자신의 온갖 사악한 행위를 가장(假裝)된 이성으로 교묘하게 정당화"하다가 끝내 "선함의 어마어마한 속성 앞에서 당황하고 움츠러들"었다. 당대에는 과학자도 고전 교육을 받은 기독교인이었으며 적대감이나 조롱을 피하기 위해 어떻게 하면 혁신적 발견을 설득력 있게 제시할 수 있을지 고심했다.

수사학을 공부하고 행하는 사람들은 당대의 정치적·종교적 소란에 휘말려들 위험이 컸다. 교육 과정을 단순화하여 변증술을 수사술에서 분리하자고 제안한 프랑스 수사학자 페트루스 라무스(Petrus Ramus)는 신교로 개종했다는 죄목으로

1572년 성 바르톨로메오 축일의 학살 때 희생되었다. 밀턴은 찰스 2세가 복위한 뒤에 공화주의에 동조한다는 이유로 고초를 겪었으며 『실낙원』의 출간을 연기할 수밖에 없었다. 같은 시기에 마거릿 펠(Margaret Fell)은 『여성의 발언에 대한 정당화 Women's Speaking Justified』를 썼다가 퀘이커교도라는 이유로 투옥되었다. 펠은 성서의 사례를 들어 여성의 설교에 반대하는 주장을 논박했다. 여성은 수사학 교육에서 배제되었으나 펠을 비롯한 소수의 여성이 자신들의 소외에 이의를 제기하기 시작했다. 제인 도너워스(Jane Donawerth)는 마들렌 드 스퀴데리(Madeleine de Scudéry)와 매리 애스텔(Mary Astell) 같은 작가들이 고전 이론을 재해석함으로써 여성의 발언이 정당화되는 영역을 (공적 연설이 아니라) 사적 대화에 마련했다고 주장한다. 의식적이든 아니든 이들은 흔한 성적 통념(남성-공적 / 여성-사적)을 동원하여 여성이 수사학적 설득을 할 수 있는 공간을―매우 제한적 상황이기는 하지만―만들어냈다.

18세기에 신문이 보급되고 대의 기구가 성장함에 따라 계몽의 이념이 수사학의 전달과 수용 방식에 영향을 끼쳤다. 고전 교육은 여전히 중요했지만, 여느 때와 마찬가지로 당시의 목적에 맞게 수정되고 활용되었다. 스스로 '이성적 존재'임을 자부한 사람들은 자신들이 고대의 방법에서 진일보했다고 여겼다.

철학자 데이비드 흄(1711~1776)은 근대가 고전기에 비해 "철학에서는 뛰어나"고 "능변에서는 훨씬 열등하다"고 생각했다. 물론 능변이 쇠퇴했다는 불평은 예나 지금이나 마찬가지이며, 당시가 위대한 의회 연설가 대(大) 윌리엄 피트 (William Pitt the Elder)의 시대였음을 감안하면 흄의 비난은 지나친 듯하다. 하지만 흄이 내세운 이유에서는 당시에 널리 퍼져 있던 태도가 드러난다. 첫째, 흄은 능변이 쇠퇴한 이유로 "법률의 다면성과 복잡성"을 들었다. 근대의 법률은 그리스와 로마의 법률보다 훨씬 복잡했다. 세세한 법규와 판례를 숙지해야 하는 법률가가 키케로처럼 공정함과 양식에 호소했다가는 조롱거리가 되었을 것이다. 둘째, 근대의 합리성이 고대 법정의 꼼수를 차단했다. 누군가 살인죄로 고발당했다면 증인과 증거를 제시하여 무죄를 입증해야 했다. "망자와의 관계를 해명하고, 신호를 보내어 그들이 재판관 발 아래 넙죽 엎드려 눈물과 탄식으로 정의를 애걸하게 했"다가는 웃음거리가 될 터였다. 공공 담화에서 **파토스**에 호소하는 행태를 몰아냄으로써 연사는 "그저 근대적 능변, 즉 적절한 표현으로 양식(良識)을 전달하"는 신세가 되었다. 그리하여 복잡성과 합리성이 어우러지면서 연설은 점차 평범해졌다. (흄과 대조적으로 경제학자 애덤 스미스는 상업이 발전하면서 상거래의 언어 노릇을 하는 산문의 수준이 향상되었다고 주장했다.) 흄은 웅변가들이 노력을 배가해야 한다고, 특히 소재의 구성과 계획을 개선해야 한다고 생각했다. 전반적으로 흄의 논점은 수사학 비판이라기보다는 사회에 대한 평가였다. 하지만 수사학이 퇴보했다는 주장은 근대적 삶의 천박함에 대한 불만을 표출하는 수단이기도 했다.

수준을 논외로 하면, 수사학의 사회적 중요성은 나날이 커져만 갔다. 왕권신수설에 대한 저항이 커지면서 새로 등장한 정부 형태들에는 더 많은 공적 숙의가―보기에 따라서는 더 조악한 포퓰리즘과 선동이―동원되었다. 이성, 자유, 자연법에 대한 호소가 언제나 (흄이 '근대적 능변'의 특징이라고 생각한) 신중하고 차분한 문체로 표현된 것은 아니었다. 선동과 독설로 치달을 우려가 있었다. 프랑스혁명은 기존의 정치 구조를 무너뜨렸을 뿐 아니라 언어 혁명도 꾀했다. 혁명가들은 언어에서 기독교의 잔재를 뽑아냈다(종교적 함의를 모두 지워버리지는 못했지만). 비브 라 나시옹(프랑스 만세)이 비브 르 루아(국왕 만세)를 대신했으며 달(月)의 이름조차 바뀌었다. 반혁명과 음모의 위협에 전전긍긍하던 급진파는 '비난의 수사학'에 치중했다. 반면에 보수파는 역사와 가족 비유를 동원하여 왕실의 권위를 정당화했다. 양측 지도부는 종교 기관에서 고전을 토대로 비슷한 수사학 교육을 받았다. 이를테면 극렬분자 막시밀리앙 드 로베스피에르는 기독교 대학을 다녔으며 수사학

교수의 수제자였다. 로베스피에르는 변호사가 되었다. 변호사는 혁명기에 공적 생활을 지배한 직종이었다. 혁명가에게 고전 교육, 특히 루소와 볼테르 같은 진보적 사상가의 글은 새로운 목적에 활용할 수 있는 수사학적 자원이 되었다.

파리 국민의회에서는 연사가 온갖 계층의 청중 앞에 서야 했다. 동료 의원과 방청석에 앉은 군중 이외에도 프랑스 전역에서 생겨난 수많은 정치 클럽과 협회 회원들이 새로운 정기

수사학이 퇴보했다는 끊임없는 불평

"수사학의 시대는 기사도의 시대처럼 망각되었다. …… 자신이 고대 아테나이인이며 아테나이 웅변술이 늘 펼쳐지는 현장에 있다고 생각해보라. 연설 주제는 무엇이겠는가? 평화, 전쟁, 공적인 잘못에 대한 복수, 굴복에 대한 관용, 국가적 명예와 보답, 영광과 수치, 인간의 근본적 감성에 대한 솔직한 호소의 모든 측면 아니겠는가? 반면에 구조 면에서나 실천 면에서나 대중적 성격, 즉 오늘날 유럽에서 찾아볼 수 있는 성격을 두루 지니고 있는 영국 의회에 들어가보라. 토론 주제는 도로를 놓아달라는 청원, 경쟁자인 오일가스 회사에 없는 특권을 석탄가스 회사에 달라는 청원, 부패한 자치구의 특권을 박탈하라는 청원, 재무부 증권의 자질구레한 디자인 문제를 지적하는 청원 따위일 것이다. 공무의 겉모습은 잡무로 천박해졌다."

『드퀸시 전집De Quincey's Collected Writings』 제10권 97~98쪽,
토머스 드퀸시, 「수사학Rhetoric」, 1828

간행물을 펼쳐 연설에 대한 논평을 읽었다. 상당수의 혁명적 연설은 발표를 염두에 두고 사전에 문서로 작성되었다. 프랑스인만 연설을 들은 것은 아니었다. 영국에서는 프랑스혁명으로 인해 정치적 언어를 둘러싼 투쟁이 벌어졌다. 마침내 보수파는, 애국심 담론이라는 무기를 휘둘러 정부의 부패를 공격하던 급진파와 개혁파로부터 이 담론을 빼앗는 데 성공했다. 보수파는 혁명의 이상을 공격했을 뿐 아니라 혁명이 표현되는 언어와 혁명이 전파되는 기법을 공격했다. 1791년에 에드먼드 버크(Edmund Burke)는 "저속한 정신을 사로잡아 조종하고 연설문이 돌아다니는 나라(?)에서 혁명을 선동하기 위해 계산된" 혁명 세력의 "거짓 철학과 거짓 수사학"을 규탄했다. 급진적 언어가 자아낸 두려움은 극심했다.

대중민주주의의 수사학

미국 독립혁명의 수사학적 결과는 다소 달랐다. 오랫동안 미국 정치 체제는 온전한 민주적 참정권에 턱없이 못 미쳤으나 그럼에도 정치인들에게 압박을 가했다. 보통선거를 실시하는 사회에서는 이러한 압박이 친숙할 것이다. '미국의 민주주의'를 관찰한 프랑스인 알렉시 드 토크빌(Alexis de Tocqueville)은 의원들이 투표자와의 관계 때문에 유권자를 만족시키려고 불필요하게 말이 많아졌다고 지적했다. (이에 반해 영국의 선거 제도는 더 제한적이었으며 아예 연설하지 않는 하원의원도 많았다.) "대표자로 하여금 선거구민에 보다 의존하게 만드는 모든 법률은 입법부의 행위에 영향을 끼칠 뿐 아니라…… 언어에도 영향을 끼친다. 이러한 법률은 사건 자체에 영향을 끼침과 동시에 사건을 다루는 방식에도 영향을 끼친다."〔『미국의 민주주의 II』, 한길사, 2009, 657쪽〕 참정권을 개방했더니 정치 담론의 성격이 달라진 것이다. 토크빌은 단점을 보았음에도 전반적으로는 완전히 긍정적인 결론을 내렸다. 그의 평가에 따르면 영국 의회의 의사 진행은 지난 150년간 한 번도 외국의 별다른 관심을 끌지 못한 "반면에, 혁명기에 있는 아메리카의 작은 식민지 의회에서 일어난 최초의 논쟁들은 전 유럽을 떠들썩하게 했"〔『미국의 민주주의 II』, 658쪽〕다. 그의 견해에 따르면 이것은 (단순히 귀족 계층이 아니라) 국가 전체를 대변하여 연설하면서 웅변가의 사고력과 언어 능력이 향상되었기 때문이다. "그러므로 민주국가에서의 정치 논쟁은 그것이 아무리 작은 것이라 할지라도 종종 인간에게 매력을 주는 어느 정도의 깊이를 지니고 있다."〔『미국의 민주주의 II』, 658쪽〕

정치 구조에 따라 수사학의 형태가 달라진다는 토크빌의 통찰은 뛰어났지만, 그의 논평에는 순진한 구석이 있었다. 앞의 구절에서는 사회 갈등을 (훗날 영국의 헌법학자 월터 배젓 Walter Bagehot이 '토론에 의한 통치'라고 부른 과정을 통해) 합리적으로 해소할 수 있다는 이상주의적 견해가 담겨 있는 듯하다. 토크빌은 유색인종, 여성, 빈민 등 사회에서 소외된 집단에게는 권력이 없다는 사실을 외면했다. 이 집단들은 이따금 자기방어 수단으로 수사학을 이용할 수는 있었지만 그나마도 제약이 컸다. 웅변술은 아메리카 원주민 사회의 집단적 의사결정에서 중요한 역할을 했지만, 조약을 맺거나 백인에게 군사적으로 굴복하면서 작성한 문서 말고는 남아 있는 것이 거의 없다. 이 문서도 대부분 백인이 작성한 것으로, 달변의 '고귀한 야만인'이라는 고정관념을 굳혔을 뿐이다.

마찬가지로 1851년에 해방 노예 소저너 트루스(Sojourner Truth)는 여성 참정권 집회에서 감동적인 연설을 했다. 이 연설은 「나는 여성이 아닌가?Aren't I a woman?」라는 제목으로 알려져 있다. 하지만 이 질문을 네 차례 던진 유명한 판본은 몇해 뒤에 기록되었다. 앞선 기록에서는 이 구절을 찾아볼 수 없다. 게다가 유명한 판본에는 트루스가 남부 방언을 한 것으로 되어 있었다. 사실 트루스는 뉴욕에서 자랐으며 "매우 올바른 영어"에 대해 자부심을 가지고 있었다. 선의의 동조자들이 트루스에게 (그녀에게서 기대되는) 방언을 부여하고 (일각의 주장에 따르면) 트루스의 입을 빌려 자기들의 주장을 펼침으로써

"부당하게 그녀를 이용했"다는 트루스의 결론을 반박하기는 힘들다.

물론 기성 정치인들은 자신의 수사법이 수용되는 방식을 훨씬 수월하게 좌우할 수 있었다. 19세기 말엽에 영국 총리를 네 차례 지낸 W. E. 글래드스턴은 언론을 교묘하게 주무른 좋은 예다. 글래드스턴은 21세기 정치 행태의 여러 측면에 심히 거북함을 느꼈을 테지만, 그럼에도 1879~1880년의 이른 바 미들로디언 선거 운동은 근대 정치 기법의 발전사에서 극적인 순간이었다. 글래드스턴은 벤저민 디즈레일리의 보수당 정부를 맹비난한 일련의 연설을 통해 권력을 되찾았다. 글래드스턴이 승리한 것은 면세 혜택과 기술 혁신으로 인한 언론의 성장 덕분이었다. 속기사가 런던으로 타전한 연설 녹취록은 신문에 낱낱이 인쇄되어 철로로 배포되었다. 그리하여 온 국민이 글래드스턴의 말 한마디 한마디를 전해 들을 수 있었다(그림 1 참고). 글래드스턴은 고전 교육의 기둥이자, 참정권 확대의 새 시대에 대중 집회의 개척자였다. 그는 장황한 연설을 일삼는 웅변가였으며 열성 숭배자를 거느렸다.

정적들은 글래드스턴의 연설 기법이 선동적이고 계급투쟁을 부추긴다고 비난했지만, 성공하려면 그를 모방할 수밖에 없었다. 이즈음 미국과 영국에서는 정치의 방향도 달라졌다. 18세기 말에 정치인들은 성품을 내세워 투표자의 환심을 사

1. 유권자에게 연설하는 글래드스턴. 앞쪽의 기자들에 주목할 것.

려 했다. 자신이야말로 유권자를 대변하기에 알맞은 인물이라는 것이었다. 그런데 글래드스턴의 정치 인생이 정점에 이르렀을 무렵에 정치인들은 (성품보다는) 정책으로 유권자의 마음을 얻으려 했다. 앤드루 W. 로버트슨(Andrew W. Robertson)은 후보자를 찬양하는 '칭찬' 수사학에서 투표자에게 특정한 세계관을 지지하라고 촉구하거나 충고하는 '권고' 수사학으로 변화가 일어났다고 말한다. 후자의 수사학은 "간접적이고 정서적인 방법으로 청중에게 (대체로 진실이지만 종종 과장되고 이따금 허구인) 사건이나 원칙, 정책을 제시했"다. 정치인에게서 구체적인 조치에 대한 공약을 기대하는 경우가 점차 늘었다. 정치인의 평가 기준은 약속을 얼마나 지켰느냐로 바뀌었다. 훌륭한 성품의 독립적인 사람들에 의한 수사학적 숙의라는 이상은 국민에게 직접 판매하는 정책 패키지로 대체되었다(단, 이 목적을 성공적으로 달성하려면 여전히 대체로 카리스마 넘치는 지도자가 필요했다). 이것이 우리가 아는바 현대적 계획 정치(programmatic politics)의 특징이 되는 수사학 모형이다.

결론

이 장에서는 수사학이 청중의 귀를 즐겁게 하는 문채의 배열보다 훨씬 방대한 주제임을 설명했다. 여러 시대에 여러 장소에서 수사학은 통치자를 준비시키는 완전한 교육 체계로 간주되었으며, 부도덕한 자가 대중을 속이는 기법으로 여겨져 논란에 휩싸이기도 했다. 수사학은 문학, 과학, 경제, 사적 대화와도 관계가 있다. 수사학이 어떻게 수용되는가는 기술, 문화, 사회 내의 권력관계에 따라 달라진다. 비록 꾸준히 효과를 발휘하는 기법이 있지만, 그 자체로 성공을 보장하는 규칙은 없다. 그런 규칙을 정하려는 시도는 계급, 성별, 인종 같은 전제에 오염될 수밖에 없다. 이런 까닭에 수사학에 대한—또한 수사학이 왜 논란이 되는지에 대한—연구는 사회적·정치적 문제를 전반적으로 이해하기 위해 좋은 출발점이다. 한 사회의 논증은 그 사회가 무엇을 중요시하는가를 드러내며, 사회가 논의하고 싶어하지 않는 것도 간접적으로 드러낸다. 어떻게 논증할 것인가에 대한 논증은 그 사회의 사회적 DNA를 해독하는 수단이다.

제 2 장

수사학의
발판

1984년에, 학자 출신의 전문 연설 코치 맥스 앳킨슨은 흥미로운 실험을 했다. (단명한) 영국 사회민주당의 연례 전당대회에서 연설을 맡은 앤 브레넌에게 기본적 수사법을 가르친 것이다(브레넌은 연설 경험이 전무한 무명 인사였다). 전당대회 당일에 브레넌은 유머러스하고 자신감 넘치는 연설로 기립 박수를 받았으며 그녀의 연설은 전당대회의 하이라이트였다. 그런데 평범한 줄 알았던 이 여인이 실은 전문가의 도움을 받았으며 텔레비전 다큐멘터리에 출연하고 있었다는 사실이 밝혀지자 일부 언론에서 이를 성토하는 기사를 내보냈다. 하지만 브레넌의 연설이 아무리 능수능란했더라도 청중이 그녀의 메시지에 공감하지 않았다면 결코 그만한 성공을 거두지는 못했을 것이다. 브레넌이 제시한 요점은 『가디언』을 읽는 중산층(진보적 자유주의자)이라는 텃밭을 벗어나지 않으면 사회민주당이 선거에서 참패하리라는 것이었다(브레넌의 예언은 적중했다). 언론에서는 브레넌의 연설이 번드르르하거나 인위적이었다고 비판했지만 그것은 사실과 정반대였다. 오히려 앳킨슨이 브레넌에게 가르친 수사학적 도구는 브레넌이 말하고 싶은 것을 깊이 생각하고 조리 있게 표현하는 데 도움이 되었다.

앳킨슨이 가르친 것은 단순하면서도 유서 깊은 기법들이었다. 이 장에서는 윈스턴 처칠이 '수사학의 발판'이라 부른 것, 즉 고대인에게 친숙했고 지금도 널리 쓰이는―많은 연사가 의식하지 못한 채 구사하는―핵심 개념을 설명한다. 그리스와 로마의 수사학자들은 범주를 나누는 데 집착했다. 언어에 이름표를 달면 부리기 쉬워지리라고 생각했기 때문인 듯하다. 하지만 이들이 고안한 온갖 수사학 용어를 익히지 않더라도 수사학을 이해하는 데는 아무 지장이 없다. 물론 이들의 구분이 전부 실제로 유용하지는 않았다. 혹자는 "사물을 일컫는 용어에 대한 이 자질구레한 규칙들은 쓸데없는 눈요기에 불과하다!"라는 퀸틸리아누스의 불만에 동조할지도 모른다. 하지만 가장 기본이 되는 용어들을 익히고 경우에 따라 현대 이론가들의 개념으로 보충해야 하는 데는 충분한 이유가 있다.

이름표가 그 자체로 꼭 필요한 것은 아니지만, 말을 가지고 무엇을 할 수 있는지 파악할 수단이 될 수는 있다. 그러면 연사나 필자가 의도한 효과를 더 예리하게 간파할 수 있다. 이것은 텍스트를 형식 수사학으로 분석할 때뿐 아니라 단순히 텔레비전 인터뷰를 시청할 때에도 중요하다. 물론 이 기법을 직접 이용하여 자신의 말과 글을 개선할 수도 있다.

단, 예외 없이 성공을 낳는 '비방(祕方)' 따위는 없다는 사실을 늘 명심해야 한다. 그리스인이 말한 **카이로스**(kairos, 기회의 순간)를 놓치면 기술적으로 아무리 뛰어난 연설이라도 참패를 면할 수 없다. 아리스토텔레스가 말했듯 수사술은 당면한 상황에서 기회를 찾는 것이지 맥락을 무시하고 연설 자체를 위해 문체를 조합하는 것이 아니다. 따라서 우리에게 필요한 것은 포괄적 체계가 아니라 기본적 연장이다. 이 연장이 있으면 다른 연설가의 의도를 알아차릴 수 있고 자신이 시도하려는 것의 본보기를 얻을 수 있다. 또한 이 장에서는 복장, 몸짓, 물리적 공간 활용을 통해 언어적 메시지를 보강하는 시각적 수사학 개념을 소개할 것이다.

웅변술의 세 갈래

웅변술은 아리스토텔레스를 따라 보통 세 갈래로 나눈다.

첫째는 사법적 연설(법정을 비롯한 법적 상황에서 벌어진다), 둘째는 제시적 연설(찬양하거나 비난한다), 셋째는 토론적 연설(투표자나 입법권자가 어떤 행동을 하도록 설득한다)이다. 언뜻 보기에는 세 연설이 뚜렷이 구분되는 듯하다. 법정에서 하는 연설은 당연히 첫번째 갈래에 속할 것이다. 하지만 1963~1964년에 남아프리카공화국 정부가 회부한 재판에서 넬슨 만델라가 한 유명한 연설을 생각해보자. 만델라는 민주주의, 자유, 기회 균등에 대한 신념으로 진술을 마무리했다. "저는 이 이상(理想)을 위해 살고 싶습니다. 이 이상을 성취하고 싶습니다. 하지만 이 이상을 위해 기꺼이 죽을 각오가 되어 있습니다." 이곳이 법정임을 고려하면 만델라의 연설은 틀림없는 사법적 연설이었다. 물론 만델라는 불법 폭력에 대한 지지를 공개적으로 인정했으며 목숨을 구걸하지도 않았다. 사실 아파르트헤이트 정권에 자신을 사형하라고 도발한 것이나 마찬가지였다. 하지만 연설의 전반적인 목적은 정치적이자 토론적이었으며 이로써 만델라의 행동은 정당화된다. 만델라의 연설은 재판의 방청객보다 훨씬 포괄적인, 심지어 남아프리카공화국 국민보다 훨씬 포괄적인 청중을 대상으로 삼았다.

마찬가지로 제시적 수사학도 보기보다 범위가 넓다. 셰익스피어의 희곡 『율리우스 카이사르』는 칭찬 연설의 경계가 얼마나 애매할 수 있는가를 보여주는 고전적 예다. 암살 동료 카시우스의 충고에 반하여, 브루투스는 정적 마르쿠스 안토니우스가 친구 카이사르의 장례식에서 연설하도록 허락한다. 하지만 카시우스가 우려한 대로 안토니우스가 낭송하는 것은 예사 추도사가 아니다. 안토니우스는 시작부터 "나는 카이사르를 칭송하러 온 것이 아니라 매장하러 왔다"라고 선언한다. 그러나 이것은 진심이 아니다. 음모자들에게 살해된 남자의 덕을 강조하며 이들에게 맞서라고 군중을 부추기려는 의도를 모조리 부인하면서도 실제로는 군중을 선동하고 있다. 그러고는 브루투스의 영예를 깎아내리고 조롱하는 언급을 늘어놓는다. 말귀를 알아들은 군중은 카이사르의 적에 대항하여 봉기한다. 이 장면이 희곡의 전환점이다. 안토니우스는 칭찬 연설 장르를 뒤집어 정치적 선택을 좌우하는 강력한 무기로 탈바꿈시킨다. 이런 효과는 현실에서도 알려져 있다. 이를테면 아일랜드 독립전쟁에서, 숨진 민족주의자를 기리는 추도사는 자신들이 지향하는 대의에 대해 지지를 이끌어내는 수단이었다.

다음으로, 토론적 연설은 곧잘 다른 것으로 위장된다. 미국의 연설문 작성자들은 대통령이 교사나 참전 군인처럼 비중이 작은 집단의 대표단을 방문할 때 준비하는 맹숭맹숭한 연설을 일컫는 용어가 따로 있다. 바로 '장미원 쓰레기(Rose Garden rubbish)'다. 이런 종류의 행사가 백악관 장미원에서 주로 열리기 때문이다. 하지만 이런 연설은 교사의 노고와 참

> **제시적 연설인가, 토론적 연설인가, 둘 다인가?**
>
> "오도노번 로사의 유해를 묻은 이 장소를 뒤로하고 돌아가기 전에 우리 중 한 사람이 모두를 대신하여 이 용맹한 사나이를 칭송하고 그의 무덤가에 둘러선 우리의 마음속 생각과 희망을 표현하는 것이 마땅해 보였습니다. 다른 사람이 아니라, 그와 함께 청춘을 보내고 그의 노고와 고통에 동참한 은발의 노장이 아니라, 제가 이 자리에서 연설해야 하는 이유가 하나라도 있다면, 그것은 제가 페니언〔아일랜드의 민족주의 비밀 결사〕의 신념으로 새로이 세례받고 페니언의 계획을 실행하겠다는 책임을 받아들인 신세대를 대표하기 때문일 것입니다. 여러분께 제안하노니, 부끄럼 없는 페니언 오도노번 로사의 무덤에서 세례의 맹세를 새로이 다짐하고, 굴복한 적 없으며 굴복시킬 수 없는 남자 오도노번 로사의 무덤에서 오도노번 로사와 같은 확고부동한 목표와 드높은 용기와 깨뜨릴 수 없는 영혼의 힘을 우리 한 사람 한 사람에게 내려주시기를 하느님께 간구하시기 바랍니다."
>
> 1915년 8월 1일에 아일랜드 민족주의자 오도노번 로사의 장례식에서 패트릭 피어스의 추도사

전 군인의 용맹을 치하하는 것과 더불어—이 사람들은 훈장이나 상을 받으러 왔을 것이다—온건한 표현 아래에 정치적 주장을 숨기는 경우가 많다. 이를테면 교사에게 하는 연설에는 대통령의 교육 정책을 정당화하는 언급이 들어갈 것이고 참전 군인에게 하는 연설은 현재 벌이고 있는 전쟁을 정당화

하는 내용과 연결될 것이다. 하지만 정치색이 너무 짙으면 청중은 도가 지나쳤다고 여길지도 모른다. 일전에 토니 블레어 총리의 연설에 대해 여성협회가 시큰둥한 반응을 보인 것은 이 때문이다(여성협회는 평상시에는 그다지 까다롭게 굴지 않는다). 한마디로, 모든 연설을 장르별로 정확하게 분류할 수 있는 것은 아니다. 따라서 각각의 연설에서 사법적·제시적·토론적 요소를 찾아보아야 한다.

다섯 가지 규범

흔히 수사학에는 다섯 가지 규범이 있다고 말한다. 그것은 (1) 발상(invention/discovery), (2) 배열(arrangement), (3) 표현(style), (4) 기억(memory), (5) 발표(delivery)다. 이것은 수사학을 다섯 가지 요소로 나눈 것으로, 연설의 장르와 무관하게 적용된다. 발상은 상황에 알맞은 논증을 떠올리는 과정으로, 그러려면 청중의 성격을 곰곰이 생각해야 한다. 이를테면 의료를 주제로 연설한다고 가정해보자. 청중이 기대하는 것은 과학적 설명일까, 당파적 정책 연설일까, 의료 종사자를 치하하는 '장미원 쓰레기'일까? 필요한 증거를 수집하는 것도 발상과정에 포함된다. 증거는 법정에서 연설할 때나 필요하지 사회 문제를 다루는 연설에서는 필요하지 않다고 생각할 수도 있다. 실은 필요한 증거의 종류가 다르다뿐이지 증거가 필요한 것은 매한가지다. 결혼식 축하 연설은 일화 형식의 증거를 제시하는데, 그 목적은 대체로 신랑이 매력적인 악동이며 이제 철이 들었음을 입증하는 것이다. 증거를 엄선하여 신중하게 제시하지 않았다가는 결혼식을 망칠 수도 있다.

연설 주제에 논란이 있을 경우는, 진짜로 문제가 되는 사안이 무엇인지 판단하는 것도 발상 단계에 포함된다. 사실이 논란거리일 수도 있고 사실의 해석이 논란거리일 수도 있다. 만델라는 자신이 남아프리카공화국의 현행법에서 금지된 행동을 했다는 검사의 주장에 동의했지만, 이 법률이 정당하다고 간주될 수 있음은 부정했다. 백인 소수파가 인구의 대다수를 차지하는 흑인에게 다짜고짜 강요했다는 까닭에서였다. 사법 당국이 이 주장을 논제로 받아들이지 않은 것은 당연하다. 그랬다가는 정부 권력의 토대가 흔들릴 수 있었을 테니 말이다. 이렇듯 논쟁의 양 당사자가 자기들이 무엇을 논쟁하고 있는가에 대해서도 동의하지 못하는 경우가 있다. 상대방의 정의를 받아들이면 논쟁에서 불리해지기 때문이다. 이를테면 X 교수가 Y 교수를 표절 혐의로 고발한다고 해보자. X 교수는 학문 윤리가 위기에 처했다며 자신의 문제 제기를 정당화한다. 이에 대해 Y 교수는 자신이 사소한 인용 실수를 저지른 것은 인정하면서도 표절의 정의는 거부한다. 오히려 X 교수가 지나치게 깐깐하다고 맞받아친다. "이 논쟁의 **본질**은 저의 빼어난 업적과 빠른 승진에 대해 X 교수가 학자로서 도저히 시샘을 참을 수 없었다는 것입니다." 이번에는 정치인이 자금 유용으로 고발당했다고 해보자. 정적들은 이번 사건으로 볼 때 그 정치인이 공직을 수행하기에 부적격이라고 주장한다. 그러자 정치인은 자신을 향한 비난이 "정치적 동기"에 의한 것이며 "이번 선거의 본질적 사안을 흐린다"고 반박한다.

스타시스(stasis, 쟁점)라는 기법은 연설가가 자신의 믿음을 근본적으로 뒤흔들 수 있는 문제를 발상 과정에서 찾아내기 위해 스스로 던지는 표준적 질문이다. 정치인의 예를 보자면, 이 정치인은 방어 연설을 준비하면서 이렇게 자문했을 것이다. 문제가 생겼는가? (그렇다. 몇천 달러가 잠시 엉뚱한 계좌에 들어 있었다.) 피해가 생겼는가? (그렇다. 유감스럽게도 엄밀히 말해서 규정을 어긴 것은 사실이다. 하지만 그 사실을 알아차리자마자 돈은 반납했다.) 심각한 피해였는가? (아니다. 부정을 저지르려는 의도가 전혀 없이 우연히 일어난 사소한 위반 행위였을 뿐이다.) 지금 이 문제를 논의하는 것이 적절한가? (아니다. 이 문제는 공식 보고서가 나올 때까지 미뤄두고 그동안 국가의 중대사를 논의하자.) 정치인은 앞의 질문들에 대한 대답을 다듬으면서 **토포스**(topos), 즉 '발상의 화제'도 고려한다. 이것은 논증을 만들어내기 위해 문제를 들여다보는 일련의 방법이다. 이를테면 비교의 **토포스**를 숙고하면, 정적이나 전임자가 저지른 잘못에 비해 자신의 실수가 훨씬 사소하다고 주장해야겠다는 아이디어를 얻을 수 있다. 인과의 **토포스**를 적용하면, 그날 중대한 사안에 정신이 팔린 탓에 실수를 저지른 것이며 결과 또한 별것 아니라고 주장할 수 있다. 물론 정적들은 똑같은 기법을 이용하여 전혀 다른 논증을 내놓을 것이다.

둘째 규범인 '배열'은 연설의 순서를 매기는 것이다. 고전기에는 배열의 공식이 꽤 엄격하여 도입부, 사실의 서술, 연설 구조의 개요, 논제의 입증, 반대 논증의 반박, 결론이 반드시 들어가야 했다. 고전기나 르네상스의 수사학을 분석할 때는 이 구조를 알면 유리하지만, 무턱대고 따라서는 안 된다. 이 요소가 전부 들어 있지 않거나 엄격하게 구분된 순서를 따르지 않아도 훌륭한 연설이 될 수 있다.

하지만 스스로 연설을 준비하든 남의 수사학을 분석하든 구조를 의식하는 것은 중요하다. 논증의 구조는 설득력과 밀접한 관계가 있기 때문이다. 이를테면 도입부의 목적은 키케로의 말을 빌리자면 "청중의 정신을 연설의 나머지 부분을 받아들이기에 알맞은 조건으로" 바꾸는 것, 달리 말하자면 청중의 주목을 끌고 청중의 마음을 사로잡는 것이다. 간단하게 인사말과 우스갯소리만 할 수도 있지만, 더 내용에 충실하고 관심을 끌려면 홀로코스트 생존자 엘리 위젤이 1999년「무관심

의 위험The Perils of Indifference」 연설에서 한 것처럼 54년 전 그
날 부헨발트 수용소에서 풀려난 일을 삼인칭으로 회상하면서
시작할 수도 있다. 도입부를 건너뛰고 본론으로 직행할 수도
있지만, 청중이 지루해하거나 뜬금없어할 우려가 있다. 마찬
가지로, 결론에 알맞은 열정적 구절이 나오면 청중은 연설이
끝날 것이라 기대하는데, 그때 사실을 상술하면 김이 빠져버
린다. 수사적 구조를 분석할 때는 늘 이렇게 물어야 한다. 이
구절은 왜 저기가 아니고 여기에 있을까? 어떤 효과를 의도했
을까? 연설을 더 효과적으로 배열할 수는 없었을까?

 '표현'은 언어와 관계가 있다. 단어의 선택은, 또한 단어를
문채로서 조합하는 방법의 선택은 결코 중립적일 수 없다. 비
유하자면 무기를 선택하는 것과 같다. 수사학을 안 쓴다고 말
하는 사람처럼, 어떤 웅변가는 표현에 관심이 없다고 말한다.
하지만 '단순'하거나 '직설적'인 표현도 어엿한 표현이다. 연
사가 현실적 성격이고 대중적 가치를 존중한다는 사실을 나
타내는 표시 역할을 할 수 있는 것이다. 나이지리아 작가 치
누아 아체베(Chinua Achebe)가 쓴 소설 『민중의 대변자A Man
of the People』에는 총리의 통화 팽창 정책에 반대했다는 이유로
해임된 장관들을 비난하는 가상의 신문 사설이 등장한다.

 치과의사가 썩은 이를 뽑듯 교과서 경제학에 능통하고 백인의 버

릇과 말투를 흉내내는 썩어빠진 꼭두각시들을 싹 쓸어버리자. 우리는 아프리카인이라는 사실이 뿌듯하다. 우리의 진정한 지도자는 옥스퍼드, 케임브리지, 하버드의 학위에 취한 자가 아니라 민중의 언어로 말하는 자다.

수사적 표현은 언뜻 피상적 현상으로 보이지만, 이에 대한 논증은 정치적·사회적·민족적 갈등을 미묘하게 자극할 수 있다.

'발표'도 마찬가지다. 억양, 자세, 몸짓, 어조 등은 연설의 수용에 큰 영향을 끼칠 수 있다. 물론 표현과 발표는 밀접하게 연결되어 있다. 위의 사설에서도 백인의 '버릇'과 '말투'를 연관짓는다. 하지만 평민적 표현과 발표가 엘리트의 세련된 표현과 발표를 늘 이기는 것은 결코 아니다. 1920년대에 영국 노동당은 공천 혁신을 단행하여 노동자 계급 출신 의원의 수를 늘렸다. 상당수는 빈곤층의 대변자를 자임하며 하원의 분위기를 쇄신하겠다고 다짐했다. 다른 당들은 이들이 장외와 길거리의 방식을 웨스트민스터 의사당에 들여왔다고 비난하며 직설적 표현 방식이 의원 신분에 어울리지 않는다고 응수했다. 대화를 중시하는 의회의 방식에 적응하지 못하는 것을 보면 노동당의 수권 능력이 의심스럽다는 것이었다(그림 2).

이에 반해 '기억'의 규범은 논란의 여지가 적다. 하지만 텔레프롬프터 시대에도 기억술은 여전히 중요하다. 고전기 수사학 교육에는 기억술 훈련법이 포함되었다. 그중 하나는 연설의 요소(각 부분의 실마리가 되는 상징)들을 집안의 각 방에 넣어두어 시각화하는 것이다. 연설할 때는 머릿속에서 방과 방을 이동하며 논증을 재구성한다. 퀸틸리아누스는 이렇게 말했다.

기억력이 좋으면, 서재에 틀어박혀 연설 문구를 준비한 것이 아니라 즉석에서 떠올렸다는 인상을 줌으로써 두뇌 회전이 빠른 사람으로 인정받을 수 있다. …… 재판관은 자신을 속이려고 특별히 사전에 준비했다는 의심이 들지 않는 연설은 더 존중하고 덜 경계한다.

하지만 연설에서 기억의 중요성은 사전에 준비한 연설문을 한 자 한 자 그대로 읊으려고 암기하는 것에 그치지 않는다. (논증의 구성 요소인) 적절한 사실과 구절을 머릿속에 새겨두면 상황이 닥쳤을 때 즉석에서 연설에 써먹을 수도 있다. 기억술은 텔레프롬프터가 작동하지 않을 때를 대비하기 위해서라도 필요하다(빌 클린턴 대통령이 초창기 의회 연설에서 이런 위기를 능숙하게 넘긴 바 있다).

FUTURE SOCIALIST CANDIDATES ?

VOTE FOR SAM SLOGGER THE SOCIALIST CANDIDATE WITH THE 21 INCH BICEPS. HE HITS HARDEST!

VOTE FOR BULL BELLOWS THE SOCIALIST CANDIDATE. HE SHOUTS LOUDEST AND LONGEST!

When Socialist rowdyism in the House of Commons really develops may we not expect to find that men with the above qualifications will be most likely to secure adoption as Socialist candidates?

9

2. 1923년 보수당 기관지에 실린 만평. 노동당 의원의 수사법을 비판한다.

맨 위: 미래의 사회주의자 후보?
왼쪽: 샘 슬러거
이두박근이 21인치인 사회주의자 후보.
강펀치의 소유자!
오른쪽: 음 메
사회주의자 후보.
누구보다 크게, 누구보다 오래 고함지른다.
맨 아래: 사회주의자들이 의회에서 소란 피우는 것을 내버려두면
나중에는 위와 같은 작자들이 사회주의자 후보랍시고 출마하지 않겠는가?

상황 대처 능력 없이 앵무새처럼 원고를 외우다가는 처칠처럼 낭패를 볼지도 모른다. 처칠은 비상한 기억력의 소유자였으며, 정치 초년생 때는 연설을 완전히 암기했다. 하지만 의사당에 입성한 지 얼마 지나지 않았을 때, 의회 연설 말미에 갑자기 머릿속이 하애졌다. 처칠은 문장을 끝맺지도 못한 채 원고를 찾아 더듬거리더니 앞뒤가 맞지 않는 단어를 내뱉으며 머리를 감싸쥐고 자리에 앉았다. 어떤 사람들은 처칠이 신경쇠약에 걸렸다고 생각했다. 그때부터 처칠은 연설할 때마다 미리 써둔 원고를 읽었으며 즉흥적으로 문구를 떠올리거나 청중에 맞게 변화를 주려 들지 않았다. 제2차세계대전 당시 라디오 방송에서 명연설을 하기 전에도 처칠은 뛰어난 연설가로 명성이 자자했다. 그러나 많은 사람들은 처칠이 청중을 설득하는 것이 아니라 단지 귀를 즐겁게 하는 것이 아닌지 의심했다. 처칠의 연설 기법이 결국 그토록 성공을 거둔 것으로 볼 때, 그가 다른 방법을 써야 했다고 말하기는 힘들다. 하지만 대부분의 웅변가는 즉흥 연설 능력을 기르는 편이 낫다. 상대방의 논점을 이해하고 대처하는 능력이 논쟁의 기본임은 널리 알려진 상식이다. 미리 준비한 연설문만 낭독하고 의견을 교환하지 않는다면 토론의 결실을 거둘 리 만무하다. 하물며 민주주의의 대표자들이 서로의 연설을 들으려 하지 않는다면 어떻게 되겠는가? 버락 오바마는 미국 상원에서 보낸 시절을 회상하면서, 상원의원들이 열정적이고 짜임새 있게 열변을 토하는 동안 의원석이 텅 빈 경우가 많았다고 말했다. "세계 최고의 심의 기구에서 아무도 듣고 있지 않았다."

연설의 3요소

사법적 연설이든 제시적 연설이든 토론적 연설이든 **에토스**, **파토스**, **로고스**(대략적으로 각각 성품, 감정, 논리에 해당한다)에 호소해야 한다. 이 범주를 구분한 사람은 아리스토텔레스다. 대체로 둘 이상을 동원하며 셋 다 활용하는 경우도 많다. 수사학 수업을 신청하라고 학생들에게 권할 때 내가 가장 드러내놓고 쓰는 방법은 **로고스**에 호소하는 것이다("이 과목은 재미있으며 유용한 기술을 배울 수 있다"). 하지만 은연중에 내가 유능한 교수임을 암시하여 **에토스**에 호소하기도 한다. 심지어 **파토스**를 살짝 가미할 수도 있다. 이를테면 내가 교수로서 잘나갈 수 있게 수강 신청을 해달라고 애걸하는 게 아니라, 수업 시간에 배울 거라며 감동적인 연설을 읊는 것이다. 하지만 이런 행위를 반드시 명시적으로 표현하지는 않는다. 물론 연사가 이런 식으로 말할 때가 있긴 하다. "저는 신뢰할 수 있는 사람이니 제 말에 귀를 기울이셔야 합니다." "여러분의 이성에 호소하겠습니다." "여러분의 감정에 충실하시라고 부탁할 것입니다." 그러나 이보다는 덜 뚜렷하게 호소하는 경우가 더 많다. 내 수업을 들을지도 모르는 학생들에게 "나는 좋은 선생이니까 내 수업을 들어야 해"라고 말하면 거만한 사람으로 찍힐 우려가 있다. 하지만 수업을 설명하는 5분 동안 능숙한 모습을 보이면 학생들은 내가 실제 수업도 잘할 것이라 믿을 것이다.

한편 세 요소의 경계선은 흐리거나 애매할 수 있다. "저의 경험에 비추어 보건대(에토스) 가난하고 고통받는 사람을 불쌍히 여기는 것이(파토스) 자신에게도 최선일 것입니다(로고스)"처럼 하나의 문장으로 둘 이상의 효과를 거두는 방법도 있다. 또한 로고스로서 제시하는 것이 실제로는 다른 효과를 내기도 한다. 미국인이 아닌 사람에게 '국가의 권리'라는 개념은 무미건조한 헌법적 논증에나 어울리는 말로 들릴 것이다. 하지만 제2차세계대전 후 민권 운동의 시기를 거치면서 이 개념은 연방정부의 인종차별 금지 조치가 두려웠던 남부 유권자들에게 호소력을 발휘하는 매우 감정적인 용어가 되었다. 그와 더불어, 이 용어를 쓰면 인종주의라는 비난도 피할 수 있었다. 그러니 연설가들은 자신이 무엇에 호소하려 하는지 숨기고 싶을 때가 많다.

그래서 이를 해독하는 것이 수사적 분석의 주요 임무로 꼽힌다. 이러한 분석에 아주 요긴한 도구로, '내포 작가(implied author)'라는 개념이 있다. 이것은 문학 연구자 웨인 C. 부스 (Wayne C. Booth)가 만들어낸 용어인데 비단 문학에만 국한 되지 않는다. 이렇게 물어보자. 여기 이 글은 저자에 대해 무엇을 이야기하는가? 저자의 진짜 모습은 글 바깥의 정보로 알아낼 수도 있고 모를 수도 있지만, 이와 상관없이 글 자체가 이 글을 쓴 사람에 대해 무엇을 시사하는가? 무엇을 내포하는가? 실제 작가와 내포 작가는 매우 다른 사람일 수도 있다(연설문이나 유명 인사의 회고록에 대필 작가를 썼다면 그야말로 다른 사람이다). 학술지에 논문을 투고하는 물리학자는 평상시에는 쾌활하고 원기 왕성한 스포츠광일지도 모른다. 하지만 논문의 내포 작가는 학문적 탁월함을 외곬으로 추구하는 냉정한 사람처럼 보일 것이다. 물론 논문에 그렇다고 쓰여 있지는 않다. 복잡하고 엄격한 실험 과정을 꼼꼼히 서술하는 차갑고 전문적인 어투에서 독자가 그렇게 추론하는 것이다.

이런 개념이 수사적 분석에 어떤 도움이 되는지 이해하기 위해 '침묵하는 다수(silent majority)'로 유명한 1969년 11월 3일의 방송 연설에서 리처드 닉슨 대통령이 **에토스, 파토스, 로고스**를 어떻게 구사했는지 살펴보자. 물론 워터게이트 추문이 터진 뒤에, 닉슨이 부정직하고 편집증적이고 음흉하다는 사실이 백일하에 드러나기는 했지만 이 정보는 우리의 분석과 무관하다(닉슨은 당시에 이미 세간에 퍼져 있던 '믿을 수 없는 사

람'이라는 자신의 이미지를 바꾸고 싶었는지도 모른다). 우리의 주
관심사는 연설에 내포된 저자, 즉 닉슨이 자신의 모습으로 내
세우는 자를 찾아내는 것이다.

연설의 주목표는 국내의 거센 저항에도 아랑곳없이 미국이
베트남 전쟁에 계속 개입하는 것을 정당화하는 것이었다. 닉
슨은 베트남 전쟁의 역사를 돌아보는 것으로 연설을 시작했
다. (전임자와 달리) 베트남 전쟁에 대해 미국 국민에게 솔직하
게 이야기하는 대통령으로 자신을 포장함으로써 **로고스**와 에
토스를 버무렸다. 또한 자신이 대통령에 취임하자마자 베트
남 전쟁을 끝내는 것이 "인기를 얻는 방법이자 손쉬운 방법"
이었을 테지만 그렇게 하지 않은 이유를 이렇게 밝혔다. "저
의 결정이 다음 세대에 끼칠 영향을 생각해야 했습니다. 미국
과 전 세계가 누릴 평화와 자유의 미래에 끼칠 영향을 생각해
야 했습니다." 달리 말하자면, 내포 작가 닉슨은 반짝 인기를
얻으려고 여론에 영합하지 않는, 자상하면서도 단호한 정치
인이었다. 닉슨은 **파토스**에도 호소했다. "이번 주에 편지 여든
세 통에 서명해야 합니다. 베트남에서 미국을 위해 목숨을 버
린 분들의 어머니, 아버지, 아내, 친지에게 보낼 편지입니다."
이것은 명예로운 종전을 모색하고 있음을 보여주는 신호로도
해석될 수 있었다. "이런 편지를 쓰지 않아도 되는 날을 볼 수
만 있다면 더 바랄 것이 없습니다."

북베트남 공산주의 정권을 평화의 걸림돌로 규정하되 자신의 협상 의지를 천명함으로써 닉슨은 자신을 원칙론자이자 합리주의자로 포장했다. 닉슨은 미국 국민이 확고하게 단결하면 베트콩이 꼬리를 내릴 수밖에 없을 것이라며, 베트남 전쟁을 질질 끄는 자들은 오히려 국내의 반대 세력임을 암시했다. 그리하여 닉슨은 애국자의 의무로서 베트남 전쟁을 지지해달라며 "침묵하는 다수의 미국인 여러분"에게 직접 호소했다. 반대 목소리를 높이는 것 자체가 대표성과 애국심이 결여되었다는 증거라고 주장했다. 하지만 초기에 캄보디아를 비밀리에 폭격하여 전쟁을 확대한 과거를 생각할 때, 닉슨의 선의는 의심스러웠다. 그러나 연설에 '내포된 닉슨'은 정직하고 직설적이었으며 미국 중산층의 희망과 두려움을 깊이 이해하는 인물이었다. 조용하고 점잖은 위대한 다수 미국인에게만이 아니라 그들을 위해서 이야기한 사람이었던 것이다.

말하는 법, 보는 법

정리하자면, 분석의 한 차원은 이른바 수사학의 '거시적' 문제에 관심을 둔다. 어떤 성격의 연설인가? 어떻게 구성되고 표현되는가? 이성, 감정, 성품 중 무엇에 호소하는가? 하지만 연설가의 전체 목표를 절에서 절로, 문장에서 문장으로 진행시키는 (또는 지연시키는) 미시적 기법도 이에 못지않게 중요하다. 이같은 문채는 무척 다양하며, 연사이든 수사 분석가이든 모든 문채를 숙달할 필요는 없다. 중요한 문채의 상당수는 다른 맥락에서 친숙한 것이거나 일상 대화에서 무의식적으로 쓰는 것일 가능성이 크다. '수사의문문'이 무슨 뜻인지 굳이 설명해야 할까? 이 기법은 문제를 정의하고 청중 스스로 대답을 내놓도록 한다는 점에서 유용하다. 둘 이상의 단어를 같은 글자로 시작하는 두운이라는 개념도 다들 알고 있을 것이다. 두운은 메시지를 사람들의 머릿속에 각인하거나 우스꽝스러운 효과를 내는 힘이 있다. 2004년에 보리스 존슨(훗날 런던 시장이 된다)은 자신이 혼외정사를 가졌다는 주장을 '물구나무선 피사(誹辭, 공정하지 못하고 편파적인 말)의 피라미드(inverted pyramid of piffle)'라고 일축함으로써 두운의 두 가지 효과를 한꺼번에 거두었다(하지만 주장이 사실로 드러나자 이 신랄한 문구는 자신을 찌르는 화살이 되었다).

존슨의 표현이 주목을 받은 것은 소리의 반복 효과 때문만이 아니라, 청중의 머릿속에 특정한 심상을 불러일으켰기 때문이기도 하다. 언어의 대부분은 이런 심상으로 가득하다(다채로움은 덜할지 모르지만). 비유와 은유에 대해서도 대부분 알고 있을 것이다. 비유는 어떤 것이 어떤 것과 **비슷하다**고 말하는 표현법으로, 비교가 이루어진다는 사실에 주목하게 한다.

"그대를 여름날에 비기랴?"라는 셰익스피어의 시구처럼 드러내놓고 비교하는 경우도 있다. 은유는 어떤 것이 어떤 것이라고 말하는 표현법으로—이를테면 '시간은 돈이다', '인생은 여행이다', '실패는 고아다'—팡파르를 울리지 않고서도 의식에 스며든다. 물론 냉전 시기 유럽을 가른 '철의 장막' 비유처럼 어떤 인상을 주고 논쟁을 부추기려고 의도적으로 선택한 은유도 있지만, 너무 흔해서 좀처럼 주목받지 못하는 은유도 있다. 정치학에서는 '산사태 승리'(landslide victory, 압승), '목마 입후보자'(stalking horse candidate, 들러리 입후보자), '갈퀴질'(muckraking, 추문 캐기), '신성한 소 이데올로기'(ideological sacred cow, 비판이 허용되지 않는 이데올로기) 같은 표현을 쓴다. 경제학에서는 '자르기'(cutback, 삭감), '물 퍼내기'(bailout, 구제금융), '빚더미'(debt-mountain), '마중물'(pump-priming, 경기 부양책) 등을 이야기한다. 사람을 묘사할 때 '손이 투박하다'(heavy-handed, 엄하다), '심장이 부드럽다'(soft-hearted, 마음이 여리다)라고 말하거나 계획을 '잡다'(grasp, 파악하다), 기회를 '던져버리다'(throw away, 놓치다)라고 말하는 것과 마찬가지로 위의 전문용어도 전부 은유다. 이런 심상을 활용하면 논란이 될 만한 생각을 친숙한 일상어로 위장하여 청중에게 몰래 전달할 수 있다.

말하는 법은 보는 법을 반영하며 이에 영향을 끼친다. 조지 레이코프(George Lakoff)와 마크 존슨(Mark Johnson)은 은유적 관념이 다양한 세계관의 토대라고 주장한다. 토론을 전투 용어로 은유하는 것에는―사람들은 '방어할 수 없는 (indefensible)' 논점을 제기하거나 '서로 격추한다(shoot each other down)'―**토론은 전쟁**이라는 상위의 은유가 반영되어 있다. 이와 비슷한 은유로는 **범죄는 질병**이나 **통화 팽창은 적** 등이 있다. 연설에서 특정 주제의 심상 집합을 찾아내면 연사의 견해를 포괄적으로 파악할 수 있다. 물론 연설가 입장에서는 다른 식으로 이 문제와 씨름해야 한다. **관료제는 창의성을 압살한다**는 기본적 신념이 있으면 분투하는 기업인을 옥죄고 생명력을 쥐어짜는 뱀으로 관료 집단을 형상화할 수 있다. **자본주의는 폭군**이라고 생각한다면, 보이지 않는 사슬로 세상을 옭아맨 정체불명의 잔혹한 거인으로 묘사할 수 있다.

물론 언어를 능수능란하게 배열하는 방법으로 비유와 은유만 있는 것은 아니다. **삼절문**(三節文)은 언제 써도 효과적인 기법이다. 프랑스혁명의 구호 '자유, 평등, 박애'나 미국 독립선언문의 '생명, 자유, 행복 추구'라는 구절이 가진 힘을 생각해보라. 심지어 한 단어를 반복하기만 해도 꽤 효과를 거둘 수 있다. 수사학에서 가장 중요한 요소 세 가지를 꼽아보라는 물음에 데모스테네스는 첫번째도 발표, 두번째도 발표, 세번째도 발표라고 대답했다. (토니 블레어도 이 수법을 활용하여 정부의 세 가지 우선 과제를 '교육, 교육, 교육'으로 천명한 바 있다.) 이에 못지않게 중요하고 효과적인 기법으로 **대조법**(antithesis)이 있다. 고전적인 예로, 존 F. 케네디는 취임 연설에서 "나라가 자신을 위해 무엇을 해줄 수 있을까를 묻지 말고 자신이 나라를 위해 무엇을 할 수 있을지 물으십시오"라고 말했다. (앞 절의 단어를 순서만 바꾸어 뒤 절에 반복했다는 점에서 **도치반복법**antimetabole의 예이기도 하다.) 이런 방법은 어떤 연설에든 효과가 있다. 특히 무턱대고 욱여넣는 것이 아니라 발상의 **토포스**에서 자연스럽게 흘러나올 때 더욱 큰 효과를 발휘한다. 이를테면 인과 **토포스**에 대해 고민하면 이런 문장을 생각해낼 수 있다. "오늘 행한 일의 결과로서 더 밝은 내일을 기대

연습

서로 짝을 이루어 5분 동안 상대방에 대해 인터뷰한다. 어디에서 자랐는지, 무엇을 잘하는지, 꿈이 무엇인지 질문한다. 이렇게 수집한 정보를 바탕으로 짧은 칭찬 연설을 써서 낭독한다. 두운, 수사의문문, 삼절문, 대조법, 비유, 은유 등을 최대한 활용한다. 가능하다면 두 기법을 조합한다. 이를테면 두운과 대조법을 함께 써서 "해리는 험버사이드의 허름한 집에서 태어났으나, 그레이브젠드에서 글재주를 뽐냈다"라고 할 수 있다. 여러분도 글재주를 한껏 뽐내시길!

할 수 있다." 기본적인 개념과 표현을 얼추 정했으면 **수구반복**(anaphora, 절이나 문장의 첫머리에서 단어나 구를 반복하는 것)이나 **결구반복**(epiphora/epistrophe, 끝에서 반복하는 것) 같은 기법으로 문구를 다듬을 수 있다. 단어든, 소리든, 구든, 문장이든, 생각이든 반복은 필수적인 수사학 전략이다. 다음의 옛 격언은 메시지 전달의 핵심을 짚고 있다. "무엇을 말할 것인지 말하고, 말하고, 무엇을 말했는지 말하라."

사람들에게 말하기

연설가는 자신이 무엇을 하고 있는지, 할 것인지, 했는지를 청중에게 곧잘 이야기한다. 이것을 '메타담화(meta-discourse)'라 하며, 말이나 글에서 "제가 주장하려는 바는……"이라거나 "제가 입증한 것처럼……"이라는 문구로 논의 대상을 설명하는 것을 일컫는다. 이런 유형의 표현은 청중과 독자를 위해 논증에 표시를 하여 어떤 내용이 전개될지 예측하고 중요 메시지를 강조하는 데 요긴하다. 논증을 발전시키느라 골머리를 싸매는 사람은 누구나 이들 기법을 고려해봐야 한다. "여기서 제가 정말로 말씀드리려는 것은……" 같은 표현을 썼다면 명료하게 말할 수밖에 없다. (**예변법**(prolepsis 또는 anticipation)도 좋은 방법이다. 이것은 자신의 논증에 제기될 수 있는 반박을 미리 언급하고 재반박하는 것이다. 상대방이 제기할 논점에 대해 '예방주사'를 놓는 셈이다.) 메타담화는 연설을 분석하거나 대응하려는 사람이 반드시 찾아야 할 단서다. 하지만 결코 액면 그대로 통째로 받아들여서는 안 된다. 메타담화로 연설의 목표를 완벽하게 정확히 설명하는 것은 불가능하다. 아무리 최선을 다해 요약해도 불완전할 수밖에 없다. 게다가 연사나 필자에 따라서는 자기가 무엇을 하는지에 대해 청중과 독자를 오도하려 하기도 한다. 변호인은 "오늘 저는 의뢰인의 결백을 한 점 의혹도 없이 입증하겠습니다"라고 말하지만 이것은 불가능하다. 어떤 때는 뻔히 하고 있는 일을 안 하고 있다고 말하기도 한다. **역언법**(paralipsis)은 어떤 사안을 짐짓 건너뛰는 척하여 오히려 주의를 끄는 수법이다. 이를테면 "상대 토론자의 음주 문제는 굳이 언급할 필요를 못 느끼겠습니다"라고 말하는 식이다. 말을 어떻게 하느냐에 따라 주제를 드러내면서 동시에 감출 수 있다.

그렇다고 해서 청중이 늘 속아넘어가는 것은 아니다. 수사학 훈련을 받지 않은 사람들도 모순과 미심쩍은 수작을 곧잘 감지한다. 물론 훈련을 받으면 정확히 어디에서 수작을 부리는지 알아챌 가능성이 커질 것이다. 내포 작가라는 개념은 연사가 대중 앞에 모습을 드러낼 때마다 완전히 새로운 페르소나를 만들어낼 수 있다는 뜻은 아니다. 자신이 만들어낸 이미지가 자신의 알려진 견해 및 기록과 대략적으로나마 일치하지 않으면 낭패를 겪을 수 있다. (닉슨이 몰락한 것은 공적 자아와 사적 자아의 크나큰 차이가 폭로되었기 때문이다.) 설상가상으로 청중은 예측 불가능한 존재다. 주정뱅이일 수도 있고, 정치적으로 적대적일 수도 있고, 연설을 지루해할 수도 있다. 하지만 연설에는 내포 작가가 있는 것처럼 내포 청중도 있다. 내포 청중은 '침묵하는 다수의 미국인 여러분'처럼, 연설에서 가정하는 이상화된 집단이다. "오늘 우리는 쓰러진 영웅을 기리기 위해 이 자리에 모였습니다"라고 말하는 연사는 모든 참석자가 그 이유 때문에 그 자리에 모였음을 암시한다. 그러나 기자나 우연한 방문객, 경비원은 이에 해당하지 않을 수도 있다. 웅변가는 청중에게 성격을 부여함으로써 실제 청중을 상상의 청중으로 바꾸고 무관심한 방관자를 격정적인 애국자로 탈바꿈시키고 싶어한다. 연사가 청중을 특정한 방식으로 '구성'한다는 말은 이런 뜻이다. 즉, 언어를 이용하여 현실을 상상과 일치시키려는 시도다.

연사가 반드시 청중과 공통점이 많아야만 연설이 성공하는 것은 아니다. (지식이나 경험 등에서 어느 정도는 차이가 있어야 연단에 선 사람에게 권위가 부여된다.) 하지만 연사와 청중은 공통된 기준점이 있어야 한다. 물리학자가 일반 대중에게 강연할 때는 복잡한 전문용어가 아니라 단순한 비유를 구사하는

게 나을 것이다. (사실 물리학자들은 서로에게 설명할 때에도 곧잘 비유를 사용한다.) 이와 동시에 청중에게 **어느 정도**의 지식이 있다고 가정해야 한다. 파이프 속을 흐르는 물에다 전류를 비유하려면 파이프와 물이 무엇인지 청중이 알아야 한다. 따지고 보면 모든 것은 다른 어떤 것에 빗대어 설명되어야 한다. 연설을 알맞은 수준에서 시작하는 것은 웅변가의 가장 힘든 과제로 손꼽힌다. 연설 주제에 대한 청중의 사전 이해도가 제각각이기 때문만은 아니다. 연사가 모든 것을 시시콜콜 설명하면 청중은 무시당한다고 느낄 테고, 연사가 청중의 수준을 과대평가하면 청중은 연설을 알아듣지 못하여 화가 날 것이다. 연사가 청중과의 관계를 망치지 않으려면—이를테면 연설을 계속할 수 없을 정도로 야유가 쏟아진다거나 청중이 나가버리지 않도록 하려면—둘 사이에 어느 정도 비공식적 공감대가 있어야 한다. 연설을 얼마나 오래 할 것인지, 중간에 질문을 해도 되는지 같은 격식 문제도 그중 하나다. 그 밖의 공유된 가치도 여기에 포함된다. 연사와 청중의 입장이 극단적으로 대립할 수도 있지만, 청중을 설득하려면 공통된 생각을 바탕으로 삼아야 한다. 그러한 생각으로는 자유, 명예, 민주주의, 국민적 자부심, 청중의 필요와 욕구 같은 공통 관념 등이 있다. 물론 청중이 이 가운데 무엇에도 동의하지 않을 수는 있지만, 이를테면 목숨을 구걸하는 사람도 상대방에게 착한 본성이 있다거나 구해줌으로써 얻는 이득이 있다는 가정에서 출발해야 한다.

수사학은 이러한 가정을 바탕으로 삼기 때문에, 청중에게 모든 내용을 시시콜콜 설명하지 않고서도 결론을 이끌어낼 수 있는 장치가 많다. 암시가 중요한 것은 이 때문이다. 1980년 에 마거릿 대처 총리는 보수당 전당대회에서 이렇게 말했다. "유턴하고 싶으면 여러분들이나 하세요. 숙녀에게 유턴은 있을 수 없는 일이니까요!"(You turn if you want to. The lady's not for turning!) 대처는, 또는 대처의 연설문 작성자는 이 발언이 (그녀가 경멸하는) 전임자 에드워드 히스의 정책 '유턴'을 암묵적으로 가리키고 있음을 대의원과 언론이 알아차리리라는 것을 알고 있었다. 아마도 대의원과 언론은 두번째 구절이 크리스토퍼 프라이(Christopher Fry)의 희곡 『숙녀에게 화형은 있을 수 없는 일The Lady's Not for Burning』을 가리키고 있다는 사실도 알아차렸을 것이다.

형식논리의 매 단계를 거치지 않고서도 논점을 '입증'할 수 있다. 한 가지 방법으로 생략삼단논법이 있다. (삼단논법은 논증 형식의 일종이다.) 아리스토텔레스의 **엔티메마**를 이렇게 해석하여 영어에서 생략삼단논법을 'enthymeme'이라고도 하지만, 현대 연구자들은 아리스토텔레스가 그런 의미로 쓰지 않았다고 반박한다. 이 장치가 어떻게 작동하는지 이해하기 위해 "반젤리스가 경주에서 우승한 것은 아테네 출신이기 때문이다"라는 진술을 살펴보자. 이 진술을 온전한 논증으로 나타내자면 "반젤리스가 경주에서 우승한 것은 그가 아테네 출신이고 아테네 사람은 운동 실력이 세계에서 가장 뛰어나기 때문이다"라고 할 수 있을 것이다. 청중이 아테네 사람이라면 아테네 운동선수가 뛰어나다는 말을 굳이 할 필요가 없다. 연사는 아테네인의 운동 실력에 대해 청중 사이에 공유되고 있는 가정이 있으므로 자신의 진술에서 빠진 부분을 청중이 메워 불완전한 진술로부터 결론을 이끌어낼 것이라 생각한다. 아테네에서 연설하던 중에 앞의 발언을 했다면 박수갈채를 받았을 것이다. 하지만 같은 발언을 스파르타에서 했다면 어땠을까? 가정이 다르면 청중이 생략 부분을 채워넣는 방식도 달라진다. 이를테면 스파르타 사람들은 이렇게 생각했을지도 모른다. "반젤리스가 경주에서 우승한 것은 그가 아테네 출신이고 아테네 사람은 모두 속임수를 쓰기 때문이다." 아마 반응도 전혀 달랐을 것이다! 연사가 이런 사실을 알고 의도했다면 괜찮지만, 연사와 청중의 가정과 기대가 어긋나면 연설을 망칠 수 있다(그림 3).

따라서 수사학을 분석할 때 "모든 청중이 알거나 믿는다고 연사가 가정하는(또는 암시하는) 것은 무엇인가?"라고 물어야 한다. 연사의 가정은 좀처럼 명시적으로 언급되지 않으며 그

"맙소사! 화이트칼라 유권자용 연설을 블루칼라에게 하고 있잖아."

3. 조지프 패리스가 그린 만평.

럴 필요도 없다. 하지만 연설가는 그와 동시에 끊임없이 실마리를 던진다. 연사가 성서를 언급하는 것은 청중이 성서를 알거나 적어도 기독교 문화와 친숙하다고 가정한다는 뜻이다. 힌트가 언어에서만 나타나는 것도 아니다. 〈그림 4〉는 마틴 루서 킹이 1963년에 한 「나는 꿈이 있습니다 I have a dream」 연설 장면이다.

　그때까지 쌓은 경력으로 보건대 킹은 언어적 수사학뿐 아니라 시각적 수사학에도 정통했을 것이다. 킹이 전국적 명성을 얻은 데는 본보기가 되는 '이미지 사건'을 교묘하게 만들어낸 탓도 있다. 킹은 민권 운동의 적들이 얼마나 잔혹한지에 대해 전 세계인의 이목을 집중시켰다. 하지만 킹은 그 과정을 결코 완벽하게 장악하지 못했으며 그 때문에 언론의 도움이 필요했다. 물론 이 사진(89쪽)은 킹의 시점이 아니라 사진가의 시점에서 찍은 것이며, 사진가는 여러 장의 사진 중에서 이 사진을 골랐을 것이 틀림없다. 그러나 이 사진에서는 킹이 워싱턴의 링컨 기념관 계단이라는 물리적 공간을 얼마나 뛰어나게 활용하여 이 상황에 대한 자신의 언어적 메시지를 강화하는지 볼 수 있다. 연설의 두번째 문장은 이렇다. "100년 전, 한 위대한 미국인이 노예 해방령에 서명했습니다. 그리고 오늘 우리는 그의 상징적 그림자 아래 서 있습니다." 따라서 킹의 연설 무대는 링컨의 이름을 들먹이지 않고서도 링컨을 떠올리게 하며 민권 운동에서 노예해방 운동을 연상케 한다. 미국 국기의 상징성, 학자풍과 성직자풍인 킹의 의상, 손바닥을 편 자세(정직함을 암시하는 동시에 순교를 예상한 것일까?)도 유리하게 작용한다. 아내 코레타(사진에서 킹의 왼손 아래)가 참석한 것은 킹의 가정적 면모를 암시한다. 그런데 사진기와 TV 카메라가 둘 다 동원된 것을 보면 킹의 메시지가 그날 연설회에 참석한 사람들을 훌쩍 뛰어넘어 온갖 청중에게 전달되었음을 알 수 있다. 인종차별이 미국의 국제적 평판에 악영향을 끼칠까봐 전전긍긍하는 미국 정책 입안자들은 이 점을 간과할 수 없었을 것이다. 그렇다면 이 사진은 수사학이 언어적 현상이자 물리적 현상이며 연설을 유포하는 기술의 영향을 받음을 보여준다. 따라서 청중에게 메시지를 전달하려면 단순히 문체를 숙달하는 것을 뛰어넘어 훨씬 복잡한 기술을 익혀야 한다.

시각적 수사학은 영화와 텔레비전에서도 찾아볼 수 있다. 아이들이 행복하게 뛰노는 장면에서 갑자기 낯선 인물이 멀찍이서 아이들을 쳐다보는 장면으로 전환되면 우리는 불길한 사건이 일어날 것임을 직감한다. 적어도 영화를 오랫동안 감상하면서 단서를 읽는 훈련을 받았다면 말이다. 소설을 읽을 때도 마찬가지다.

'옛날 옛적에'라는 구절은 독자가 특정한 종류의 이야기를

4. 마틴 루서 킹.

기대하게 하는 수사학 장치다(작가에 따라서는 이러한 사전 지식을 이용하여 독자의 기대를 무너뜨리기도 한다). 연설의 문채는 소설에서도 찾아볼 수 있다. 예를 들면 다음은 대조법이다. "최고의 시절이자 최악의 시절[이었다]."(디킨스, 『두 도시 이야기』) 이러한 기법에 얼마나 친숙하냐에 따라 문학과 극을 경험하는 방식이 달라지며, 문학적 수사학에 명시적으로 주목하면 문학 감상력을 향상시킬 수 있다. 허구는 수사학적 세계로 간주할 수 있다. 수사학적 세계는 (논란의 여지가 있긴 하지만) 순전히 상상의 산물이되, 학술적 지식에 바탕을 두고 사회를 설명하는 '현실적'이고 (좋은 것일 경우) '진실'한 세계이다.

이와 마찬가지로 학습되었든 본능적이든 서사적 관습에 대한 이해는 허구뿐 아니라 사실의 영역에서도 유용하다. 효과적인 연설은 곧잘 서사를 활용하여 청중의 세계를 해석한다. 연사는 공감을 불러일으키는 일화를 소개할 수도 있고("오늘 이곳에 오는 길에 한 여인을 만났는데 그 여인이 말하길……") 평생에 걸친 자신의 이념적 여정을 읊을 수도 있다. 한편 이러한 개인적 서사는 집단적 이야기의 상징으로서 제시될 수도 있고 국가 신화의 상징으로서 제시될 수도 있다. 사회학자들은 '서사 분석'이라는 도구를 이용할 때 실제 이야기가 참인지 거짓인지 따지기보다는, 청중이 이를 이용하여 어떻게 자신의 정체성을 확립하고 환경을 파악하는지 밝히려 한다. 수사학적 문채는 이처럼 폭넓은 해석 틀의 구성 요소로 간주할 수 있다.

결론

'수사학의 발판'을 이해하는 것은 수사법을 구사할 때든 분석할 때든 매우 유용하다. 언어 선택을 의식적으로 성찰하면 수사학의 설득력을 키울 수 있을 뿐 아니라 상투적 생각 패턴의 무분별한 반복에서 벗어날 수 있다. 하지만 수사학을 고안하거나 해독하는 마법의 공식 같은 것은 없다. 연사와 청중의 관계는 불확정적이기 때문에 연설이 어떻게 수용될지는 예측 불가능할 수밖에 없으며, 연설을 분석하더라도 텍스트의 숨겨진 가정(연설이 이루어지는 특정한 맥락에서 청중이 수월하게 이해하는 가정)을 속속들이 알아낼 수는 없을 것이다. 그럼에도 여러 고전적 분류 도구의 도움을 받아 수사학을 일종의 창문으로 활용하여 (수사학의 바탕이 된) 한 사회를 들여다보는 창조적 접근의 여지는 얼마든지 있다.

제 3 장

수사학에
접근하는 방법

존 버컨(John Buchan)의 소설 『39계단The 39 Steps』을 각색한 앨프리드 히치콕 감독의 1935년작 영화(그림 5)에는 우스꽝스러우면서도 인상적인 장면이 등장한다. 주인공 리처드 해니는 살인죄로 수배중인 동시에 외국의 비밀요원들을 피해 도망 다니는 신세다. 추격자로부터 간신히 벗어났나 싶었는데 이번에는 정치 집회의 초청 연사로 오인받는다. 연단에 호명된 해니는—한쪽 손목에 수갑을 차고 있다는 사실을 감추려 애쓰며—더듬더듬 말문을 연다. 하지만 단상에서 적들에게 발각되는 순간 격정적 연설을 토해내기 시작한다. "저는 외롭고 무력한 느낌이 어떤지 압니다"라고 고백하는가 하면 "어떤 나라도 상대국에 음모를 꾸미지 않"고 "박해나 추적이 없는 세상"을 만들자고 호소하기도 한다. 연설이 끝나고 적들이 해니를 다시 한번 붙잡으려는 찰나 군중이 해니를 에워싼다.

이 익살극은 일련의 이중적 의미를 토대로 삼는다. 이를테면 "저 같은 처지에 놓인 사람의 팔자인 근심 걱정" 같은 상투적 문구는 해니에게 진심이다. 군중은 해니의 격정을 감지하고 환호하지만, 이것을 훌륭한 선거 유세로 오독한다. 해니는 청중을 완벽하게 설득하지 못했다. 그가 살인 용의자라는 사실을 알면 청중은 그를 돕지 않을 것이다. 한편 해니는 진실하면서 가식적이다. 그는 진심을 말하면서도 또다른 진심을 숨기려 애쓴다. 그의 '진짜' 진심은 자신과, 그를 기다리는 추격자와, (물론) 영화 관객만 안다.

어떤 사람들은 명쾌해 보이는 텍스트를 (자신이 보기에) 과잉 해석하는 것에 대해 부정적으로 반응한다. 그럴 만도 하다. '말의 의미는 말에서 찾아야 한다, 그렇지 않다면 분석할 이유가 없지 않은가'라는 것이 이들의 논리이니 말이다. 하지만 해니의 정치 집회 연설에서 보듯, 주어진 언어 조합의 의미가 고정되어 있어서 텍스트를 읽거나 문법적으로 분석하는 것만으로 의미를 끄집어낼 수 있다는 것은 터무니없는 착각이다. 해니의 연설에서 중요한 점은 글자 그대로만 보면 진부하기 그지없는 연설이지만 그가 처한 상황을 알고 보면 우스꽝스럽고도 인상적인 연설이라는 것이다. 연사가 구사하는 다양한

5. "신사 숙녀 여러분, 단상에 오르기까지 머뭇거린 것을 사과합니다. 의장이 다음 연사를 입에 침이 마르게 칭찬하는 것을 들으면서도 그게 저를 가리키는지 꿈에도 몰랐습니다." 히치콕의 영화 『39계단』(1935)에서 리처드 해니(로버트 도나트 분)가 궁지에서 벗어나려 안간힘을 쓰고 있다.

전략과 기술적 장치를 파악하는 것이 유용한 일이기는 하지만, 이것만 가지고는 암호를 풀 수 없다. 수사적 분석의 한 가지 목표는 말을 '해독'하여 그 속에 새겨진 의미를 드러내는 것이 아니라 주어진 맥락에서 특정한 진술이나 상징의 **사회적 의미**를 간파하는 것이다. 거창하게 들릴지도 모르겠지만 이런 경험은 누구에게나 있다. 어쨌든 평범한 영화 관객은 히치콕이 제시하는 아이러니를 해독하거나 해니의 말이 상황으로부터 의미를 부여받는다는 사실을 이해하는 데 아무 문제가 없다.

이 영화는 해니의 이중적 의미를 특별히 부각하지만, 이뿐 아니라 모든 복잡한 텍스트에서—또한 많은 단순한 텍스트에서도—중의성을 찾아볼 수 있다. 문학 비평가 윌리엄 엠프슨(William Empson)은 '중의성(ambiguity)'을 '같은 언어적 표현에 다른 반응의 여지를 허락하는—아무리 미묘할지라도—언어적 뉘앙스'로 정의했다. 아무리 명료함을 추구하더라도, 이런 뉘앙스가 언어에 스며드는 것을 막을 수는 없다. 이런 현실을 감안할 때 해석의 여지는 늘 열려 있을 수밖에 없다(그렇다고 해서 모든 해석이 똑같이 타당하다는 뜻은 아니다). 그렇다면 수사학을 단지 저자의 견해에 대한 일련의 단순한 진술로 간주해서는 안 된다. 변호사와 정치인에 대해 으레 의심을 품는 사람이라면 누구도 이렇게 생각하지 않을 것이다. 한편 수사학이 배후의 '진짜 믿음'을 덮는—또는 감추려 하는—표면적 현상에 불과하다고 치부할 수도 없다. 해니의 수사학은 한편으로는 부정직하지만—그는 정치인도 아니면서 정치인 행세를 한다—그와 동시에 자신의 세계관을 솔직하게 진심으로 표현한다. 이것은 퀜틴 스키너 말마따나 "연설가가 자신이 뜻하는 바를 나타내는 동시에 숨기기 위해 채택하"는 '다양한 우회 전략'의 고전적 예다. 수사학을 분석하려면 이런 전략에 예민해야 한다. 하지만 이런 전략을 간파한다고 해서 '수사학의 이면을 볼' 수 있으리라고 기대해서는 안 된다. 언어의 의미는 구조와 분리할 수 없기 때문이다.

의도와 해석

수사학 자체가 의미를 드러내는 동시에 숨긴다면, 수사학을 어떻게 연구할 것인가에 대해 온갖 의견이 난무하는 것도 놀랄 일이 아니다. 저마다 다른 접근법을 옹호하는 사람들끼리 말이 통하지 않는 것도 당연하다. 우선 '수사학 폭로' 학파라고 부를 법한 집단이 있다. 이들은 정치인들의 언어 남용을 규탄하느라 여념이 없다. 이 학파의 수호성인은 조지 오웰로, 그의 이름난 에세이 「정치와 영어Politics and the English Language」는 정치 연설에 담긴 "완곡어법과 논점 회피, 그리고 순전히 아리송한 표현법"〔조지 오웰 지음, 이한중 옮김, 『나는 왜 쓰는가』, 한겨레출판, 2010, 270쪽〕을 공격했다. 오웰은 글이 명료하지 못한 것은 정직하지 못하기 때문이며 "진짜 목적과 겉으로 내세우는 목적이 다를 경우"〔『나는 왜 쓰는가』, 271쪽〕 문제가 생길 수밖에 없다고 생각했다. 오웰에게 정치적 언어는 "거짓을 사실처럼 만들고 살인을 존중할 만한 것으로 만들기 위해, 순전한 헛소리를 그럴듯한 것으로 만들기 위해 고안된"〔『나는 왜 쓰는가』, 276쪽〕 것이다.

하지만 쉬운 말을 옹호한 것으로 이름난 오웰이 자신의 가장 강력한 정치적 논증을 농장에 대한 일종의 확대된 알레고리로 표현한 것은 주목할 만하다. 『동물 농장』에서는 오웰의 진짜 목적(스탈린주의를 공격하는 것)과 공언된 목적(동화를 쓰는 것) 사이에 간극이 뚜렷했지만, 오웰이 진실하지 않은 것은 아니었다. 물론 오웰의 의도는 눈 밝은 독자가 이 간극을 눈치채고 그의 목적을 알아차리는 것이었다. 하지만 거짓말은 비난받아 마땅하고 명료함은 칭찬받아 마땅하나, 수사적 분석이 단순히 진짜 의미와 공언된 의미의 차이를 간파하는 것에 머물러서는 안 된다는 것 또한 분명하다. 이런 차이가 늘 비난받아 마땅하다면 우리는 오웰에게 위선자라는 꼬리표를 달아야 할 것이다. 사실 수사적 중의성에는 나쁜 점뿐 아니라 좋은 점도 있다. 오웰이 소련에 대한 자신의 메시지를 전달하는 데는 책이나 소책자에서 단도직입적으로 "자신이 뜻하는 바를 말하"는 것보다 소설의 형태로 표현하는 것이 훨씬 효과적이었다. 마찬가지로, 엠프슨과 그의 스승 I. A. 리처즈(I. A. Richards) 같은 문학이론가들이 개척한 '꼼꼼히 읽기(close reading)'는 시와 소설뿐 아니라 정치 연설을 분석하는 데도 유용하다.

하지만 꼼꼼히 읽기의 목적은 무엇일까? 저자가 의도한 바를 알아내는 것이 가능할까? 텍스트 바깥의 근거는 인정될 수 있을까, 아니면 텍스트는 맥락 정보와 무관하게 그 자체로 의미가 있을까? 20세기 중엽의 이른바 '신비평(New Critics)'은 후자의 입장에 섰다. W. K. 윔샛(W. K. Wimsatt)과 먼로 C. 비어즐리(Monroe C. Beardsley)는 논문 「의도론적 오류The Intentional Fallacy」에서 저자가 작품에서 뜻하는 바―이를테면 사적 일기에서 담긴 의도―가 드러나더라도 이것이 해석과 밀접한 관계는 아니라고 주장했다. "시인이 그렇게 하는 데 성공했다면, 그것은 시 자체가 시인이 뜻하는 바를 나타내기 때문이다." 시인에게 이 시행이 무슨 뜻이냐고 묻는 것은 무의미할 것이다. 시인의 답변이 시행 자체보다 의미를 더 효과적으로 드러낸다면 애초에 그렇게 써야 했을 테니 말이다. 이렇듯 저자는 자신의 작품에 대해 해석의 권위를 가지는 신탁 사제가 아니다. 롤랑 바르트는 1967년에 쓴 「저자의 죽음La mort de l'auteur」에서 비슷한 취지로 대답한 바 있다. 하지만 윔샛과 비어즐리와는 달리, 텍스트를 그 자체로 해독하여 '하나의 "신학적" 의미'를 끄집어낼 가능성 또한 부정했다. 이러한 생각에는 후기 구조주의라는 이름표가 붙었다. 이들의 분석에 따르면 의미를 창조하는 것은 저자가 아니라 독자이며, 이는 반응이나 해석이 모두 동등한 가치가 있거나 동등하게 신뢰할 만함을 함축한다.

이런 얘기는 대부분 직관에 어긋나는 것으로 보이겠지만, 문학의 영역 바깥에서 수사학을 들여다볼 때는 도움이 된다. 필자나 연사가 자신이 뜻하는 바를 말하지 못한다는 윔샛과 비어즐리의 주장은 터무니없어 보인다. 하지만 연설가가 자신의 발언에 대해 귀중한 실마리를 던질 수 있는 것은 사실이지만 누구도 자신이 뜻하는 바에 대한 무오류의 안내자일 수는 없다. 어떤 정치인이 인종주의적 모욕으로 쓰이는 Q라는 단어를 공식 석상에서 썼다고 가정해보자. 언론의 집중포화가 쏟아지자 그가 해명한다. "저는 인종주의자가 되려는 의도가 아니었습니다. 저희 동네에서 Q는 아무 악의 없는 단어입니다. 저는 이 단어를 결코 다른 뜻으로 쓰지 않았습니다." 해명이 타당한지, 어떤 맥락에서 발언했는지에 따라 우리는 이 해명을 받아들일 수도 있고 받아들이지 않을 수도 있다. 그가 그렇게 말했다는 이유만으로 그 발언이 인종주의적이지 않다

연습

아시시의 성 프란치스코(1182~1226)의 '새들에게 하는 설교'를 읽을 것(그림 6).

"나의 작은 자매인 새들이여, 그대는 조물주 하느님에게 많은 은혜를 입었으며 언제 어디서나 하느님을 찬양해야 한다. 하느님께서는 그대에게 어디로나 날 수 있는 자유를 주셨으며 두 겹 세 겹의 의복을 주셨기 때문이다. 게다가 하느님께서는 그대의 씨앗을 노아의 방주에 보관하여 그대의 종족이 세상에서 사라지지 않도록 하셨다. 또한 하느님께서는 그대에게 공중을 허락하셨다. 그뿐인가? 그대는 씨 뿌리지도 거두지도 않으나 하느님께서는 그대를 먹이시고 그대가 목을 축일 개울과 샘을 주셨다. 몸을 숨길 산과 골짜기, 둥지를 지을 높은 나무도 주셨다. 그대는 길쌈도 바느질도 할 줄 모르기에 하느님께서 그대와 그대의 자식을 입히신다. 그대에게 이토록 많은 은혜를 베푸신 것을 보건대 조물주께서는 그대를 무척 사랑하신다. 그러니 나의 작은 자매들이여, 배은망덕의 죄를 저지르지 않도록 조심하고 하느님을 찬양할 방법을 늘 궁구하라."

루이스 코플런드 · L. W. 램 · 스티븐 J. 매케나 엮음,
『세계 명연설The World's Great Speeches』 제4판
(뉴욕 미니올라: 도버 출판사, 1999), 64쪽에서 재인용

성 프란치스코의 생애를 사전에 조사하지 말고 다음 질문에 대해 토론할 것.

텍스트를 분석하는 것만으로 설교에 담긴 성 프란치스코의 의미와 의도를 확실히 알 수 있을까?

그렇지 않다면 텍스트 바깥의 정보(이를테면 전기적 정보나 신학적 정보) 중에서 어떤 것이 실마리를 줄 수 있을까?

위 문장 중 어디서 그런 증거를 찾을 수 있을까? 위 문장은 의미를 알아내는 데 어떤 문제가 있으며 어떤 장점이 있을까?

고 받아들이는 사람은 그 정치인의 맹목적 추종자밖에 없을 것이다. 이와 마찬가지로 독자가 저자의 실제 의도와 전혀 동떨어진 나름의 의미를 텍스트에 부여한다는 바르트와 후기 구조주의자들의 주장은 더할 나위 없이 옳다. 이런 해석이 모두 타당한가와는 별개로, 수사학이 세상에 어떤 영향을 끼치는지 가늠하고자 한다면 이러한 의미 확산은 받아들일 수밖에 없는 현실이다.

하지만 신비평이 혼란의 징후를 보였으며 후기 구조주의자들이—적어도 바르트의 경우—독자의 역할과 관련하여 이따금 유사 신비주의에 빠진 것은 엄연한 사실이다. 성공적인 텍스트는 반드시 의도를 드러낸다는 윔샛과 비어즐리의 주장은 오류다. 텍스트의 성공 여부는 청중이 알고 있는 맥락 정보 때문일 수도 있는데, 이 정보의 출처가 텍스트 자체일 필요는 없

6. 〈새들에게 하는 설교〉. 피렌체 산타크로체 교회 바르디 예배당에 소장된 성 프란치
스코의 명인 작 〈성 프란치스코 일대기〉 패널화 부분. 〔성 프란치스코의 명인(名人):
익명의 이탈리아 화가〕

다. 간접적으로 연설을 접하는 청중이 그 정보를 복원하지 못하면 의미의 손실이 발생할 것이다. 『동물 농장』의 독자가 책의 중심 메시지를 파악하려면 소련의 초기 역사에 조금이나마 친숙해야 한다. 그렇지 않으면 『비밀 일기』의 십대 주인공 에이드리언 몰처럼 『동물 농장』에 깊은 감명을 받아 돼지고기를 먹지 않겠다고 다짐할지도 모를 일이다. 이렇듯 텍스트 바깥의 근거는 '연설가가 무엇을 의도했는가'라는 질문에 최종적 해답을 주지 못하지만, 조사의 노선을 암시하고 부적격 후보를 걸러낼 수는 있다. 독자(또는 청자)가 나름의 의미를 만들어낸다는 바르트의 말은 옳았지만, 또한 이 의미(텍스트가 어떻게 수용되는가의 문제)는 그 자체로 어엿한 연구 대상이지만, 이러한 해석이 모두 동등하게 신뢰할 만하다고 볼 수는 없다. 게티즈버그 연설에서 에이브러햄 링컨의 의도가 무엇이었는지 정확히 판단하는 것은 불가능할지도 모르며 그의 연설은 해석의 여지가 많지만, 이 연설의 주제가 미국 남북전쟁이 아니라 베트남 전쟁이라고 결론짓는 것은 얼토당토않은 잘못이다.

그러나 신뢰할 수 없는 독해조차 역설적으로 진지하게 받아들여야 할 때가 있다. 조지 H. W. 부시 대통령은 1991년 국정 연설을 비롯한 몇 번의 연설에서 '신세계질서New World Order'를 바란다고 말했다. 음모론자들은 이것이 전체주의적 세계 정부를 수립하려는 사악한 음모의 증거라고 믿었다. 부시의 정책에서 비판할 거리가 많기는 하지만, 연설의 내적 근거로 보나 그의 경력과 견해를 둘러싼 무수한 외적 근거로 보나 그가 의식적으로 세계 지배를 꿈꾸었다고 판단하기는 힘들다. 하지만 음모론적 해석은 한편으로는 허황하면서도 다른 한편으로는 흥미롭다. 무시무시한 혼돈의 세계에서 질서와 계획을 찾아내려 한다는 점에서 음모론은 폭넓은 문화적 불안을 들여다보는 창이 될 수 있다. 그렇다면 수사적 요소에 대한 소수파의 우스꽝스러운 해석일지라도 그 배경인 사회를 이해하는 실마리를 던질 수 있다. 이때 가능한 한 반응의 총체를 살펴보아야 한다. 이 반응들은 연설가가 무엇을 시도하는지 보여주는 단서이기 때문이다. 자신의 말이 어떤 반응을 불러일으킬지 정확히 예측할 수 있는 사람은 없다. 그러나 연설이 촉발한 비판을 두루 살펴보면, 적어도 연사가 예상하거나 바라거나 피하려 드는 반응이 무엇인지 힌트를 얻을 수 있다.

말로써 행동하기

부시의 1991년 연설 당시에 미국은 이라크와 처음으로 전쟁을 벌이고 있었다. 따라서 부시가 세계 정부를 수립하려 들지는 않았을지라도 무언가를 하려 한 것은 사실이다. 부시의 다음 발언은 단순한 의견이 아니었다. "세계는 신세계질서라는 오랜 약속을 실천할 기회를 놓치지 말아야 합니다. 잔학 행위는 보상을 얻지 못할 것이요, 공격 행위는 집단적 저항에 맞닥뜨릴 것입니다." 오히려 부시는 목표에 대해 이야기하고 목표를 정의하는 과정 자체를 통해 자신의 목표를 추진하고자 했다. 연설가가 언어를 이용하는 것은 단순히 정보를 전달하고 견해를 알리기 위해서가 아니다. 연설가는 무엇보다 청중에게 **호소**하고 청중의 지지를 **요청**하고 청중을 사실과 **대면**시킨다. 이것은 말이자 행동이다. 이 모두는 포괄적인 (시도된) 설득 행위의 일부다. 이를 일컬어 '언어행위(speech-act)'라 한다.

언어행위 이론의 선구자는 옥스퍼드 대학의 철학 교수 J. L. 오스틴(J. L. Austin)이다. 『말로써 행동하는 방법How To Do Things With Words』(1962)이라는 제목의 유작으로 출간된 일련의 유명한 강연에서 오스틴은 언어학에 혁명을 가져왔다.〔한국어판 제목은 『말과 행위: 오스틴의 언어철학·의미론·화용론』이다.〕 오스틴은 진술이 참 아니면 거짓이며 사물을 기술한다는 기존의 견해를 논박했다. 그는 "이 배를 **퀸엘리자베스호**로 명명합니다" 같은 진술이 참도 거짓도 아님을 지적했다. 뱃머리에 술병을 부딪쳐 깨뜨리면서 그렇게 말했다면 이 발언은 명명 행위다. 마찬가지로, "이 여인을 법적 아내로 맞이합니다"라는 진술은 화자가 하고 있는 행동을 단순히 기술하는 것이 아니다. 적절한 절차를 갖춘 결혼식에서 이렇게 말했다면 이 발언은 그 자체로 결혼 행위(의 일부)다. 오스틴 말마따나, "호적 담당자나 제단 등의 앞에서 '예(I do)'라는 말을 할 때 나는 결혼을 보고하는 것이 아니라 결혼을 하고 있는 것이다".

한편 '맹세한다', '사과한다', '칭찬한다', '인정한다'라고 말하지 않고도 맹세하거나 사과하거나 칭찬하거나 인정할 수 있다. 같은 발화를 통해 다른 유형의 언어행위가 동시에 수행될 수 있다는 것이다. "조용히 좀 해주시면 안 될까요?"라는 문장을 예로 들어보자. (오스틴의 용어를 빌리자면) **발화행위**(locutionary act, 표면적 의미)는 상대방이 조용히 할 수 있는지 여부를 묻는, 사실에 대한 질문이다. 하지만 누구나 이 문장을 조용히 하라는 **부탁**, **요구**, 심지어 **명령**으로 알아듣는다. 이것이 **발화수반행위**(illocutionary act)다. 마지막으로, 이 문장이 청자에게 미치는 실제 효과—조용해졌는가 아닌가—를 일컬어 **발화효과행위**(perlocutionary act)라 한다. 발화의 효과는 실제 의도와 무관하다.

따라서 연설가는 한 번에 여러 가지 행위를 하는 셈이다. 그중에는 의도한 것도 있고 (많은 경우) 의도하지 않은 것도 있다. 경험도 없고 부도덕한 상대 후보가 승리하는 것이 국가의 안녕에 이로울지 **생각해보라고 권고**할 때의 발화수반행위는 상대 후보에게 표를 던지지 말라는 **요청**이다. 발화효과행위는 연사가 능변으로 당선되는 것일 수도 있고 서투른 인신공격으로 오히려 유권자의 마음이 돌아서는 것일 수도 있다. 발화행위와 발화수반행위는 같은 경우가 많지만, 결코 같을 수 없는 경우도 있다. "조세 감면을 약속합니다"라고 말함으로써 조세 감면을 약속할 수는 있지만 "총리가 주정뱅이임을 암시합니다"라고 말함으로써 총리가 주정뱅이임을 암시할 수는 없다. 드러내놓고 말하는 것은 암시의 정의와 상충되기 때문이다. 게다가 어떤 문구가 특정한 언어행위 또는 언어행위들을 나타낸다고 확신할 수는 없다. "맹세해"라는 말은 "맹세한다"라는 뜻일 수도 있고 "맹세하라"라는 뜻일 수도 있다. 무슨 뜻인지 알려면 맥락이 있어야 하는데, 맥락에는 해석이 개입되어야 한다.

게다가 문구의 의미는 문장이나 문단, 연설, 책의 맥락에 따라서뿐 아니라 문구가 전체 사회 안에서 어떻게 이해되는가에 따라서도 달라진다. 언어행위 이론을 정치철학에 통합하는 데 큰 몫을 한 퀜틴 스키너는 텍스트를 제대로 해석하려면 텍스트를 둘러싼 사회적·정치적 합의를 이해해야 한다는 사실을 밝혀냈다. 스키너 이전에는 플라톤에서 계몽주의를 거쳐 그 이후에 이르는 고전기 정치 저작이 근대적 사유를 향한 일종의 진보에서 연결 고리나 단계를 나타낸다는 생각이 지배적이었다. 그런 점에서 이 저작들은 역사를 초월하여 중요하며 그 자체로 온전하게 이해될 수 있다고 간주되었다. 출간 당시의 시공간에 제한된 청중만이 아니라 인류 전체를 대상으로 이야기한다는 것이었다. 하지만 스키너는 '무시간적 텍스트'라는 관념을 거부했다. 스키너는 과거의 접근법을 이용하는 후대 해석자가 고전 저자의 작품을 읽을 때 제 나름의 가정을 동원하며 이 저자들과 무관한 입장을 시대착오적으로 부여한다는 사실을 밝혔다. 학자들은 맥락과 수용을 무시한 탓에 터무니없는 결론에 도달했다. 이를테면 철학자 토머스 홉스의 저작은 기독교 도덕주의자의 작품으로 해석되었지만, 정작 17세기 영국에서는 위험한 무신론으로 가득차 있다는 평가를 받았다. 자신이 이단자가 아니라는 홉스의 주장을 후대 학자들은 곧이곧대로 받아들였지만 스키너는 "홉스 같은 처지에 있는 사람이 공개적으로 다른 주장을 한다는 것은 상상할 수도 없었다"고 지적한다.

　스키너는 저자가 글을 쓸 당시의 이데올로기적·언어적 맥락을 확실히 알아야만 저자가 어느 부분에서 관습을 깨뜨리고 혁신하려 했는지 알 수 있다고 주장했다. (이것은 글 수사학뿐 아니라 말 수사학에도 해당한다.) 언어행위 이론은 동시에 둘 이상의 기능을 수행하는 말을 통해 이러한 종류의 혁신이 가능함을 보여준다. 여기서 결정적으로 중요한 것은 무언가를 단순히 기술하는 것이 아니라 그에 대한 가치 진술을 담고 있는 용어다. 이를 평가-기술적 용어라 한다. 어떤 사람을 일컬어 '크다'라고 말하는 것은 단순한 기술이지만, '지저분하다'라고 말하는 것은 기술인 동시에 비판을 함축한다. 따라서 '단호하다'라는 단어와 '고집불통이다'라는 단어는 같은 현상을 기술하되 전자는 이를 긍정적으로 평가하고 후자는 부정적으로 평가한다. 하지만 이런 의미는 고정되어 있지 않다. 연설가는 평가-기술적 용어를 나름의 목표에 따라 전유(專有)하며, 새로운 의미를 부여함으로써 논쟁의 틀을 새로 짠다. 스키너는 근대 초기 영국 자본가들을 예로 든다. 이들은 새로운 산업에 대한 종교계의 의혹을 무마할 방도를 모색했다. 그 방법은 이상적 종교 생활을 기술하는 언어로 자신들의 활동을 기술하는 것이었다. "게다가 이런 시도는 이치에도 맞았다. (신에 대한) 개인적 봉사와 헌신이라는 구체적인 프로테스탄트적 이상과 (고객에 대한) 봉사와 (일에 대한) 헌신이라는 이른바 상업적 이상 사이에 구조적으로 유사한 측면이 있었기 때문이다. 이들은 이 유사성을 열렬히 내세웠다." 그리하여 '종교적(religious)'이라는 단어는 "그는 매일 아침 9시에 종교적으로 사무실에 도착한다"라는 문장에서처럼 헌신적이고 엄격한 행동을 일컫는 새로운 의미를 얻었다.

자신에게 이의를 제기하는 사람들의 가치 체계를 자신의 출발점으로 역이용하는 수사학의 혁신가들은 현대에도 얼마든지 있다. 토니 블레어가 1994년에 노동당 당수가 된 뒤에 '세계화에 알맞은 새로운 정책을 통해 연대와 공동체라는 노동당의 전통적 가치를 실현하는 수단'이라며 들고 나온 것은 좌파가 자유시장 경제학과의 달갑지 않은 타협으로 간주하는 '신노동(New Labour)' 현대화 계획이었다. 수사학에는 늘 (스테판 콜리니Stefan Collini의 표현을 빌리자면) '논박의 맥락(context of refutation)'이 있다. 이것은 연설가가 (아마도 암묵적으로) 공격하고 반박을 시도하는 논증의 집합이다. '예상의 맥락'이라 이름 붙일 만한 것도 있다. 이것은 연설가가 기대하는, 또한 유도하거나 저지하고 싶어하는 반응의 집합이다. 웅변가가 역사적 사실을 양념처럼 버무린다고 해서 이것이 꼭 과거에 집착하기 때문은 아니다. 그는 시대착오에 빠져 있는 것이 아니라, 참신한 이데올로기 변화를 정당화하는 수단으로서 전통을 재해석하고 있는 것인지도 모른다.

이데올로기 논쟁은 이런 식으로 새로운 논증 방식과 새로운 정치적 언어의 창조를 강요한다. 간단히 말해서, 무언가에 대해 논증하다보면 논증 방식을 변화시킬 수밖에 없다. 따라서 수사학은 단지 이데올로기를 표현하는 수단이 아니라 이데올로기를 존재하게 하는 수단으로 간주해야 한다. 사상은 저절로 생기는 것이 아니라, (어느 정도는) 수사적 과정의 요구에 따라 생성되거나 유발된다. 연설가가 다른 관점의 존재를

"아무리 혁명적인 이데올로기를 주장하는 사람이라도, (그가 자신의 행동을 정당화할 필요성을 받아들였다면) 바람직하다고 간주되는 평가-기술적 용어의 **기존** 범주가 자신의 이례적(으로 보이는) 행동을 적절하게 기술할 수 있음을 보이려고 애쓸 것이다. 모든 혁명가는 이 정도만큼은 뒤로 물러서 전투에 참여해야 한다. 이들은 자신의 행동을 정당화하기 위해, 여기에 반대하고 있는 사람들이 어떻게든 반대를 철회할 수밖에 없도록 자신의 행동이 기술될 수 있음을 보이려고 노력한다. 이 목표를 이루려면, 반대파가 그들이 찬성하는 행동과 정세를 기술할 때 쓰는 용어의 (적어도) 일부가 자신의 이례적인 행동을 포괄하고 (따라서) 정당화하는 데 적용될 수 있음을 보이는 방법밖에 없다."

퀜틴 스키너, 「정치 사상과 정치적 행동을 분석할 때의 몇 가지 문제
Some Problems in the Analysis of Political Thought and Action」,
『정치론Political Theory』, 2 (1974)

(논파하기 위해서라도) 어느 정도는 인정해야 하며 자신의 논증에 대한 반론을 막아내야 한다는 점에서 이 과정은 상호적이다. 연설가는 자신이 오래된 진리를 전달한다고 여길 수도 있지만, 그럼에도 종종 새로운 표현법을 찾아야 한다. 이렇게 새로운 표현법을 쓰면 사상도 달라질 수밖에 없다. 사상이 내용을 표현하고 언어가 형식을 표현하며 어떤 면에서 이 둘이 서로 분리되어 있다고—심지어 상반된다고—생각하는 것은

> "한 단어의 의미의 안정성이란 가정되는 것이 아니라 항상 설명되
> 어야만 하는 어떤 것입니다."
>
> I. A. 리처즈, 『수사학의 철학The philosophy of Rhetoric』(1936)
> 〔박우수 옮김, 『수사학의 철학』, 고려대학교출판부, 2001, 11쪽〕

자연스러운 태도다. 하지만 이데올로기는 그 자체로 수사학
적 구성물이다. 말하자면, 자신을 구성하는 요소인 수사학적
구조와 분리될 수 없다. 앨런 핀레이슨과 제임스 마틴은 "이
데올로기를 이루는 것 중 하나는 논증의 **양식**(style)이다"라고
말한다. 이데올로기는 언어에 담겨 있는 것과 마찬가지로, 언
어가 전달되는 유사 무대적·기술적·문화적 맥락에도 담겨
있다.

신수사학

사회적 맥락에 대한 관심은 현대 수사학을 과거의 수사학
과 구분하는 특징이다. 20세기에, 수사학이 쇠퇴하고 심지어
경멸당하기에 이르렀다고 생각한 많은 이론가들이 '신수사학
(new rhetoric)'을 제안했다. 이들의 제안은 고전에 바탕을 둔
수사학을 거부한다는 취지라기보다는 사회학의 새로운 분야

들에서 (부분적으로) 얻은 새로운 지식을 통해 수사학을 확대하고 재평가하고 다시 활성화하려는 욕망의 발현이었다. I. A. 리처즈는 『수사학의 철학』에서 유명한 정의를 제시했다. "내가 앞으로 주장하겠지만 수사학은 오해와 그것의 치유에 관한 연구가 되어야 합니다."〔『수사학의 철학』, 3쪽〕 리처즈는 오해의 주범을 '고유 의미라는 미신'이라고 불렀다. 구식 수사학 교재에서는 모든 단어에 '진정한' 의미가 있으며 그 의미로만 써야 한다고 가르친다. 리처즈는 이른바 올바른 용법에서 탈선하지 못하도록 막으려는 노력이 일종의 사회 통제 시도로 나타난다고 주장했다. 표현(과 발음)의 세부 사항에 치중하는 것은 언뜻 무해해 보이지만, 사회적 차별의 도구가 되어 계급의 무기 노릇을 할 수 있다. 하지만 단어의 의미를 고정하려는 시도는 결국 수포로 돌아갔다. "옛날의 수사학이 이중 의미〔중의성〕를 언어의 결함으로 취급했고 그것을 제한하거나 제거하려고 원했던 점에 반해서, 새로운 수사학은 이것을 언어의 힘의 필연적인 결과이며, 〔특히 시와 종교와 같은〕 우리들의 가장 중요한 대부분의 발화에 있어서 필요 불가결한 수단으로 간주합니다."〔『수사학의 철학』, 39쪽〕

수사학 이론에 큰 영향을 끼친 학자 케네스 버크(Kenneth Burke) 또한 (관점이 약간 다르기는 했지만) 담화가 합리적이라는 통념에서 벗어날 것을 강조했다. "옛 수사학의 핵심어는

'설득'이었으며 옛 수사학이 강조한 것은 의도적 계획이었다. '새' 수사학의 핵심어는 '동일시'일 것이며 여기에는 연설의 호소력에 담긴 부분적으로 '무의식적'인 요인이 포함될 수 있다." 버크 말마따나 '동일시' 개념이 완전히 새로운 것은 아니었다. 연사가 자신을 청중과 동일시하는 기법은 적어도 아리스토텔레스까지 거슬러올라간다. 하지만 버크는 '동일시' 기법이 왜 중요한가에 대해 설득력 있는 사회학적·심리학적 설명을 내놓는다. 사람들은 본질적으로 서로 분리되어 있으나, 무언가에 소속되고자 하는 욕구를 강하게 느낀다. 버크는 "사람들이 서로 분리되지 않았으면 수사학에서 통일을 내세울 필요도 없을 것이다"라고 설명했다. 통일(또는 동일시)이 전적으로 완벽하다면 갈등은 존재하지 않을 것이다. "하지만 동일시와 구분이 애매하게 뒤섞여 있으면 하나가 어디에서 끝나고 하나가 어디에서 시작되는지 정확하게 알 수 없다. 수사학이 빛을 발하는 것은 이 지점에서다." 이 통찰은 사회 정체성 이론가들이 발전시킨 '내집단'과 '외집단'의 개념에도 접목할 수 있다. 내집단은 소속된다고 느끼는, 또한 소속되고 싶어하는 집단, 즉 근사하고 존경받는 엘리트 집단이다. 외집단은 혐오하거나 경쟁심을 느끼며 구성원이 되고 싶지 않은 집단이다. 정치인은 곧잘 자기 정당이 전 국민에 대해 내집단이며 타 정당은 극소수만을 대변하거나 경멸스러운 외집단이라고 주장한다. 유권자가 속하고 싶어하는 내집단(이를테면 열심히 일하는 미국 중산층)과 자신을 동일시함으로써 유권자가 스스로를 정치인과 동일시하기를 바라는 것이다. 이에 따라 집단 정체성과 '국가적 가치'를 제 것으로 만들려는 투쟁이 도처에서 벌어지고 있으며, 정치인은 경쟁자들이 이 가치를 위반한다고 끊임없이 주장한다. 이를테면 2011년의 '월스트리트 점령 운동' 참가자들은 "우리는 99퍼센트다"라는 구호로 자신들을 내집단화한 반면에 반대파는 이들을 '미국적이지 않은' 외집단으로 묘사했다.

버크는 수사학이 "본성상 상징에 반응하는 존재에게서 협력을 이끌어내기 위해 언어를 상징적 수단으로 이용하는 행위에 뿌리를 둔다"고 주장했다. 그의 설명에 따르면 연설의 문체는 연설가가 자신을 청중과 동일시함으로써 청중의 마음을 사로잡는 데 이용하는 기호다. 어떤 상징을 쓰느냐에 따라 청중의 관심이 저마다 다른 방향으로 쏠린다. 버크식 표현으로 '용어의 은막(terministic screen)'은 상황을 특정한 방식으로 보게 하는 언어 거름종이다. 공장 건설은 어떤 틀에서 바라보느냐에 따라 긍정적일 수도 부정적일 수도 있다. 경제 성장에 이바지한다고 생각할 수도 있고 환경 파괴에 일조한다고 생각할 수 있는 것이다. 인도에 공장을 짓는 것은 경제 발전의 징표로 볼 수도 있고 다른 나라의 일자리에 대한 위협이라고 볼 수도 있다. 누구나 본능적 선입견이 있게 마련이다. 현지에 공장이 새로 들어오는 것에 대한 인도인의 첫 반응이 서구의 실업에 대한 우려일 리는 없다. 하지만 사람들에게 암시만 주면 자기 앞에 놓인 은막을 얼마든지 현실로 착각하게 만들 수 있다. 여론 조사에서 질문을 바꾸어 전혀 다른 결과를 이끌어내는 것은 식은 죽 먹기다. (이를테면 핵무기 획득을 저지하려는 군사 행동에 대해 찬반을 물을 때, 군사 행동을 유일한 선택지로 제시하면 지지율이 매우 높게 나오지만 경제 제재나 협상 같은 대안을 함께 제시하면 지지율이 낮게 나올 수 있다.) 물론 형식 수사학뿐 아니라 텔레비전, 웹사이트, 마우스 패드와 샌드위치 포장지에 적힌 구호 같은 대중문화 산물에서도 이러한 암시를 받을 수 있다. 어느 논평가 말마따나 버크는 소포클레스나 셰익스피어뿐 아니라 대중 영화와 라디오 프로그램도 기꺼이 근거로 삼았다. 이 또한 '상징적·수사학적 성분'으로 가득했기 때문이다.

하임 페렐만(Chaïm Perelmann)과 루시 올브레히츠티테카(Lucie Olbrechts-Tyteca)의 기념비적 저작 『신수사학The New Rhetoric』에서도 동일시와 상징을 강조한다. 이들의 주요한 공헌은 전통적으로 토론적 수사학과 별개로 간주되던 제시적 수사학의 중요성을 부각했다는 것이다. 제시적 연설을 단순히 웅변가가 인물을 드러내는 형식으로 보아서는 안 된다. 어

> **"인간은 상징을 이용하는 동물이다"**
>
> "책을 제외하면, 역사와 인간사, (심지어) 바다와 대륙의 상대적 위치 같은 현실 정보에 대해 우리가 아는 것은 얼마나 될까? 현재와 과거에 관한 이 잡다한 상징들 — 주로 지도, 잡지, 신문 등을 통해 우리가 아는 것과 결합된다 — 을 제외하면 오늘날 우리의 (종잇장처럼 얇은 개개인의 삶을 넘어선) '현실'은 과연 무엇일까? 학교에서는 학생들이 교실과 교실을 오가며 이 관용구를 배웠다 저 관용구를 배운다. 다양한 과목은 사실 수많은 용어에 불과하다. 직접 경험한 조그만 현실의 조각이 스스로에게 얼마나 중요하든, 전체 '그림'은 상징체계의 구성물에 지나지 않는다."
>
> 케네스 버크,
> 『상징 행위로서의 언어Language as Symbolic Action』(1968)

떤 가치를 칭송하고 다른 가치를 깎아내림으로써 "칭송하는 가치를 더 굳게 고수하여 행동을 향한 성향을 부추기"고 "청중이 인식하는 특정한 가치를 중심으로 공동체 의식을 다지려 하"기 때문이다. 깃발이나 십자가 같은 상징물이 있으면 그런 가치를 강화할 수 있다. 페렐만이 이후에 발표한 논문에서 언급했듯, 상징물을 둘러싼 의식(儀式)은 "상징의 대상에 대한 존경심을 불러일으키기 위해 상징물에 대해 지켜야 할 행동—정해진 시각에 기립하거나 무릎 꿇거나 경례하거나 제창하는 것—을 정한다. 여기에 대해 이의를 제기하거나 의문을 품거나 설명을 요구하거나 반발하는 것은 부적절하다."

'신수사학'은 단일한 분야인 적이 한 번도 없지만, 수사학을 사회적 맥락에서 들여다보려 한다는 점에서는 모두 동일하다. 웅변가는 어떻게 하면 청중을 쥐고 흔들 수 있을지 합리적으로 계산하는 자율적 행위자로 간주되지 않는다(스스로는 그렇게 생각할지도 모르지만). 오히려 부유하는 의미의 바다에 둥둥 뜬 채, 변화하는 의미의 표류물과 표착물에 둘러싸인 신세다. 고정된 (것으로 이해되는) 가치를 조작하여 군중의 정체성에 영향을 끼칠 수는 있겠지만, 이 가치는 (적어도 부분적으로는 무의식적인) 선별적 과정을 통해 웅변가 자신에게 이미 흡수되고 왜곡되었다. 이렇게 생각하는 웅변가는 소외감이나 무력감을 느끼거나 연설을 장악하지 못했다는 느낌이 들 것이다. 버크는 "우리가 말을 이용하는 것뿐일까? 말도 우리를 이용하는 것은 아닐까?"라고 물었다.

따라서 신수사학은 귀중한 비평 도구이기는 하지만 그와 동시에 (구식 수사학 교재와 그 계승자들에게서 볼 수 있듯) 불가침의 법칙을 토대로 연설법을 확립할 수 있다는 자신감을 떨어뜨린다. 의사소통의 많은 측면이 과학적 탐구의 대상이기는 하지만, 시간과 문화를 초월하여 적용되는 포괄적 '수사 과학(science of rhetoric)'을 기대할 수는 없다. 근래에 많은 정치인은 자신이 현대 미디어 기법을 완전히 손아귀에 넣었다고 생각했으나 몇 년 지나지 않아 적대적 언론을 요리조리 피해 항해하느라 애를 먹었다. 해도(海圖)는 낡았다. 이제는 정치인이 서사에 대한 장악력을 잃었다고들 말하지만, 한 번이라도 이들이 서사를 장악한 적이 있다고 생각하는 것은 착각이다. 그렇다고 해서 수사법을 익히는 것이 아무짝에도 쓸모없다는 얘기는 아니다. 다만, 오늘날의 수사학 교재에서 내세우는 주장은 다소 과장되었다. (최근에 출간된 어떤 책에서는, 조언을 따르기만 하면 "사람들의 마음을 뜻대로 주무르고 어떤 집단이든 여러분의 목소리에 넘어오도록 해주겠다"고 약속한다.) 이런 기법들은 귀중한 생존 지침서이긴 하지만, 문제는 엉뚱한 영토의 지도라는 것이다.

수사적 분석을 어떻게 할 것인가?

수사학에 대한 방대한 연구가 이루어졌지만, 연구자들이 반드시 자신을 수사학자로 여기거나 형식 수사학적 분석을 한다고 생각하지는 않았다. 실제로 수사학이 망각의 늪에 빠졌으며 수사학의 관심사이던 질문들이 다른 분야로 빠져나갔다는 자각에서 (부분적으로) 신수사학이 태동했다. 미국 대학에서는 수사학과가 속속 생겨나고 있지만, 그외에 정치학, 정치심리학, 문학, 언어학, 담화 분석, 심지어 경제학 등의 분야에서도 수사학의 제반 문제를 다루고 있다. 이를테면 진화생물학자 리처드 도킨스가 확립한 개념인 '밈'은 모방을 통해 사회 곳곳에 생각을 확산시키는 '문화 전파 단위'로, 시작은 보잘것없었지만 금세 우리에게 친숙해진 (밈 관련) 문구와 구호를 생각해보건대 밈과 수사학의 연관성은 명백하다.

그러니 수사학을 공부하는 학생들은 접근법을 고를 때 열린 태도를 취할 필요가 있다. 이에 못지않게 중요한 사실은 모든 관련 문헌을 한 사람이 완전히 파악할 가능성이 희박하다는 것과, 모든 분야를 영감의 원천으로 삼는 절충주의가 부끄러운 일이 아니라는 것이다. 또한 (교수가 곧잘 학생에게 과제로 내어주는) 수사적 분석에는 엄격한 공식이 있을 수 없다. 텍스트에 따라 방법이 달라져야 할 뿐 아니라, **어떻게** 분석할 것인가의 문제는 교사의 지도를 받거나 주어진 것으로 취급하는 것이 아니라 탐구의 출발점으로 삼아야 한다. 연구 과제를 사전에 정해진 자잘한 단계로 나누고 싶어하는 사람에게는 실망스럽겠지만, 실수를 두려워하지 않고 창조성을 발휘할 각오가 되어 있는 사람에게는 엄청난 가능성이 열리는 셈이다. 이제 우리에게는 시도해볼 수 있는 다양한 제안 목록이 있고 장단점에 대한 힌트가 있다. 이것은 금고를 따는 백발백중의 비법이 아니라 우리에게 유용할 도구들에 대한 안내서다.

첫째, 무엇을 분석할지 정해야 한다. 고전 문헌이나 중세

문헌이 까다롭기는 하지만 근대나 현대 문헌이 반드시 더 쉬울 거라고 생각해서는 안 된다. 한 가지 문헌을 깊이 파고들지 한 주제를 일정 기간 동안 섭렵할지도 선택해야 한다. 물론 두 접근법을 병행할 수도 있다. 자와할랄 네루의 연설을 주제로 보고서를 쓰겠다면, 비슷한 주제에 대한 그의 다른 연설과 인도의 민족주의 수사학 전반이라는 맥락에서 바라보아야 할 것이다. (네루가 염두에 둔 전 세계 청중에 대해서도 고려해야 할 것이다.) 그다음에는 (구두 연설을 수사적으로 분석할 경우) 텍스트의 형태가 실제 발화를 정확하게 반영하는지 알아봐야 한다. 의미 있는 분석을 위해서는 '진본' 텍스트가 꼭 필요하다고 생각하기 쉽다. 하지만 설명이 상충된다는 사실 자체에서 풍부한 질문거리를 찾을 수도 있다. 진본일 리 없는 텍스트 자체도 정당한 연구 대상이 될 수 있다. 키케로는 의뢰인 밀로의 무죄를 입증하는 데 실패하고 밀로는 결국 추방되었지만, 무죄를 주장했던 연설을 다시 고쳐써서 발표했다. 왜 자신의 실패를 널리 알리는 연설을, 그것도 고쳐쓰면서까지 유포해야 했을까? 애슐린 멜키어(Aislinn Melchior)는 이것이 정치적 행위였다며, "키케로가 원고에 내용을 덧붙여 발표한 것은 밀로가 사면받고 추방이 철회되도록 하기 위해서였다"라는 그럴듯한 논거를 제시한다. 달리 말하자면 출간된 판본이 통념상 '부정확'하더라도 자료로서의 가치가 낮아지지는 않는다는 것이다. 물론 이렇게 골머리 썩이기 싫어서 현대의 연설을 연구 대상으로 삼고 싶을 수도 있다. 현대의 연설은 녹음되어 있기에 텍스트를 검증할 수 있으니 말이다. 하지만 녹음 음성과 녹화 영상에 대해서는 또다른 층위의 분석(어조, 몸짓, 카메라 시점 등)을 시행해야 한다. 증거는 적어도 곤란하지만 너무 많아도 곤란하다!

어떤 자료를 연구할지 대충이라도 정했다면 질적 접근법과 양적 접근법 중에서 무엇을 위주로 할 것인지 선택해야 한다. 이 책에서 지금까지 살펴본 것은 질적 접근법이다. 우리는 언어가 어떻게 사용되는가를 들여다보았지 얼마나 자주 사용되는지 헤아리지 않았다. 하지만 질적 분석에서도, 적어도 일반적인 차원에서는 양적 요소를 참조하지 않으면 안 된다. 이를테면 연사가 같은 논점을 강조하고 또 강조하는지, 한 번만 언급하는지 알아야 할 경우가 있다. 비슷한 은유를 거듭 쓰는 것에 관심이 있을 수도 있고, 웅변가가 일주일에 몇 번씩 연설하는지 1년에 한 번만 연설하는지 궁금할 수도 있다. 지금은 텍스트가 대규모로 디지털화되고 있기 때문에 양적 분석을 하기가 점차 쉬워지고 있다. 〈그림 7〉은 1800년부터 2000년까지 영어로 출간된 책을 디지털로 전환한 구글의 방대한 말뭉치에서 '수사학(rhetoric)'과 '담화(discourse)'의 상대 빈도를 나타낸 것이다. (실제 비율은 매우 작지만, 이것은 어느 단어나 마

7. '담화'와 '수사학'의 상대 빈도.

찬가지다. 이를테면 같은 기간에 '음식food'의 최고 빈도는 약 0.015
퍼센트였다. 또한 데이터의 품질에 대해서도 신중을 기해야 한다.)

이 정보를 어떻게 해석하면 좋을까? 그래프에서는 1960년
이후로 '수사학'의 빈도가 뚜렷이 증가하고 있다. 이것은 신
수사학의 자극을 받아 수사학이 부흥했기 때문이라고 추측할
수 있다. 아니면 정치적 언어에 대한 의심이 팽배하여 매사를
'그저 수사'로 치부하는 경향이 커졌기 때문일 수도 있다. 이
에 반해 '담화'가 19세기에 절정에 이르렀다가 왜 하락했는지
는 확실치 않다. 물론 연설을 '담화'로 일컫는 것이 어느 시점
부터 더는 정상이 아니게 된 것은 분명하다. 하지만 '담화'가
1980년대에 부활한 것은 이 용어를 애용하는 포스트모더니
즘의 부상과 연관되었다고 보는 것이 타당하다. 그렇다면 '담

화'는 의미가 달라진 것이 틀림없다. (영어로 널리 번역된) 미셸 푸코는 '담화'를 18세기 스코틀랜드 수사학자 휴 블레어와 같은 의미로 쓰지 않았다.

이렇듯 양적 분석을 하려면 질적 관점에서 도출한 결과를 함께 들여다보아야 한다. 그런데 음식 이름인 '샌드위치'와 지명인 '샌드위치'를 구분하지 못하는 컴퓨터가 개념적 의미의 뉘앙스 차이를 구분할 리 만무하다. 'liberal'이라는 단어가 정치적 의미('자유주의')로 쓰였는지 '너그럽다'라는 의미로 쓰였는지 알기 위해 수작업으로 문맥을 조사할 수는 있다. 하지만 이 과정은 여간 고역이 아니며 작업자의 선입견에 영향을 받을 수 있다. 수작업으로 분류하지 않은 원시 데이터를 대량으로 처리하고 싶다면 어느 정도 분석의 결함을 감수할 수밖에 없다. 양적 분석은 단순히 단어나 구의 빈도를 헤아리는 것에 머물지 않는다. 이를테면 문장의 복잡도를 측정하거나, 단어가 좌파-우파의 이념 스펙트럼에서 어디에 위치하는지 평가하여 텍스트 전체의 점수를 매길 수 있다. (유용한 결과를 얻으려면 대체로 미국 대통령 취임 연설이나 정당 강령처럼 서로 비교할 수 있는 말뭉치를 이용해야 한다.) 정치학자 중에는 다르게 생각하는 사람도 있겠지만, 용어의 의미가 시대와 문화를 초월하여 한결같다고 가정할 수는 없다. 게다가 좌파가 우파의 용어를, 우파가 좌파의 용어를 전유할 수도 있다. 따라서 텍스트를 "미리 정의된 정책 분야"에 간단하게 배치할 수 있는 "단어 자료의 모음"으로만 치부할 수는 없다. 단어 자료의 양적 분석에서 매우 흥미로운 질문이 제기될 수는 있지만, 양적 분석은 꼼꼼히 읽기의 보완물이지 대체물이 아니다.

수사적 분석을 계획하고 있다면 우선 짧은 현대 연설문을 꼼꼼히 읽는 것이 가장 쉬운 길이다(현대 연설문은 진본 여부가 문제되지 않는다). 맨 처음 할 일은 토론적·사법적·제시적 요소를 찾는 것이다. 그다음에는 각 부분이 **에토스**, **파토스**, **로고스** 중 무엇에 어떻게 호소하는지 살펴본다. 중의성을 유심히 들여다보고 심상의 예를 찾는다. 문채를 찾고, 연사의 메시지가 문채를 통해 어떻게 전개되는지 ― 또는 방해되는지 ― 분석한다. 그리고 무엇보다 진짜 쟁점이 무엇인지 파악해야 한다. 이를테면 평범하게 위장한 온건한 표현이 실은 외집단의 가치를 공격하는 것일 수 있다. 자신의 분석을 뒷받침하는 다른 근거(이를테면 연설문 초고, 사진, 일기, 신문 등)가 없는지 알아본다. 이 자료들을 어떻게 배열하여 가장 효과적으로 전달할 수 있을지 생각한다. 명심할 것은, 이런 과제에서 결정적인 '정답'은 없을지라도 (적어도) 설득력 있는 답을 찾을 수는 있다는 것이다.

연습: 수사적 분석 방법 토론하기

각자 분석할 텍스트를 가져온다. 정치 연설, 소책자, 설교, 시, 다 좋다. 시리얼 상자도 안 될 이유는 없다. (이 시리얼을 사먹는 사람이 누구일지 탐구하면 되니까.) 이제 어떤 텍스트를 분석 대상으로 정할지 토론한다. 각 텍스트의 장단점은 무엇인가? 각 텍스트에 알맞은 이론적 접근법이 있는가? 추가로 입수하면 좋을 만한 근거가 있는가? 입수할 수 있는가? 마지막으로, 텍스트와 접근법을 최종 결정하기 위한 발표를 한다.

결론

이 장에서 살펴본 다양한 수사학 연구 방법은 결국 의미와 의도의 문제로 귀결된다. 의미와 의도는 매혹적인 주제이지만, 이해하기는 무척 어렵다. 하지만 연설가의 의도를 구체적으로 해명하는 것이 불가능할 것이라고 지레짐작할 필요는 없다. 어떤 책이나 연설에서 뜻하는 것이 무엇인지에 대해 절대적이고 최종적인 대답을 내놓는 것은 불가능하겠지만, 의미 후보의 범위를 좁히고 텍스트 바깥의 증거를 단서로 활용하는 것은 얼마든지 가능하다. 그러나 저자의 의도는 우리가 생각하는 것보다 덜 중요할 수도 있다. 아시시의 성 프란치스코의 '새들에게 하는 설교'를 예로 들어보자. 성 프란치스코는 정말 자신이 새들에게 이야기할 수 있다고 생각했을까, 실은 사람들에게 메시지를 던지려 했던 것일까, 둘 다일까? 우리가 가진 텍스트는 성 프란치스코가 실제로 말한 내용과 어렴풋하게나마 닮았을까? 이 질문들이 흥미롭기는 하지만, 가장 흥미로운 것은 아닐 것이다. 또한 이 설교문을 유포한—어쩌면 심지어 지어낸—사람들이 프란치스코가 새들에게 이야기했다고 주장하는 것이 왜 중요하다고 생각했는지도 흥미로운 주제다. 그 사람들은 정말로 프란치스코가 새들과 이야기를 나누었다고 생각했을까? 이것은 중세의 신앙심에 대해, 신앙을 대하는 태도에 대해 무엇을 시사할까? 여기에 대해서도 확고한 대답을 내놓을 수는 없다. 하지만 이런 질문을 통해 우리는, 연사의 의도가 종종 불투명하고 (궁극적 의미에서) 알 수 없는 것일지라도 연사가 구사하는 수사학을 통해 연설의 토대가 되는 사회의 가치를 들여다볼 수 있음을 되새길 수 있다.

제 4 장

현대의
수사학

『뉴욕 타임스』에 따르면 1865년 3월 에이브러햄 링컨의 두 번째 취임 연설은 부실하게 진행되었다. 상원 의사당에서 취임 선서를 마친 링컨은 건물 밖에서 연설하려고 자리를 옮겼다. 그런데 군중이 밖으로 나갈 출입구가 하나밖에 없었다.

통로는 북새통을 이루었다. 계단과 복도가 인파로 가득찼다. …… 이 실수 때문에, 수많은 청중 중에서 대통령의 목소리가 들리는 거리까지 다가갈 수 있었던 사람은 50명 중 1명도 채 되지 않았다. 많은 사람들은 연설이 끝난 뒤에야 건물 밖으로 나올 수 있었으며 대통령은 보지도 못했다.

이에 반해 1981년 1월 로널드 레이건의 첫 취임 연설은 치밀한 연출에 따라 진행되었다. 연설을 놓칠까봐 안절부절못했던 사람은 아무도 없었다. 4,180만 명의 시청자가 텔레비전으로 연설을 지켜보았으며─물론 전 세계 인구로 따지면 더 많았을 것이다─이 기록은 지금껏 깨지지 않고 있다. 그렇다면 보안 문제와 교묘한 언론 통제 때문에 연설자와 일반 대중이 직접 얼굴을 마주 대하는 일이 줄었더라도 청중의 규모는 훨씬 커졌다고 볼 수 있다. 하지만 명심할 것은 링컨의 시대에도 현장에 참석한 청중이 유일한 청중은 아니었다는 사실이다. 미국뿐 아니라 전 세계에서 신문으로 연설문을 읽는 사람이 훨씬 많았다. 외국 언론이 링컨의 연설을 보도하고 논평하면 미국 언론이 이 논평을 받아 보도했다. 물론 라디오, 영화, 텔레비전, (이후에 등장한) 월드와이드웹은 수사학을 구사하고 수용하는 방식에 큰 영향을 끼쳤다. 하지만 전신(電信)이 발명된 뒤로 매체 문화의 세계화는 웅변가의 골칫거리였다.

전자 매체와 세계화로 인해 다중적 청중이라는 문제가 더욱 악화되었다. 물론 연설문이 필사본으로 유포되기 시작한 고대 이후로 이런 문제는 늘 있었다. 이 때문에 연사는 딜레마에 부딪힌다. 영국이나 미국의 전당대회에서는 정치 지도자들이 전국 언론과 텔레비전 청중 앞에서 당파적 이해관계를 초월한 사람으로 스스로를 포장하면서도 한편으로는 대회장에 모인 열성 당원을 열광시켜야 한다(열성 당원의 자발적 참여는 선거 운동의 중요한 요소다). 게다가 부적절한 발언 한마디가 국제적 파장을 일으키기도 한다. 니키타 흐루쇼프가 전임자 스탈린을 규탄한 1956년 연설과 같은 '비밀' 연설조차도 직접 참석한 청중을 훌쩍 뛰어넘어 영향을 끼칠 수 있다. (흐루쇼프는 연설이 새나가기를 내심 바랐을 수도 있지만, 공산주의 붕괴까지는 미처 예상하지 못한 것이 분명하다.) 물론 소련 독재 정권하에서 수사학의 역할은 자유 사회와 사뭇 달랐다. 하지만 20세기에 민주주의 체제와 전체주의 체제가 공존하고 다투면서 수사학은 국제 문제를 다루는 수단으로서 중요성이 더욱 커졌다.

사례 연구: 제2차세계대전의 수사학사

제2차세계대전에서 수사학이 어떤 역할을 했는지 살펴보면 수사학이 현대의 기술 및 이데올로기와 어떻게 교차하는지 알 수 있다. 제1차세계대전을 거치며 발전한 연설 기법은 1939~1945년에 군사 행동과 나란히 진행된 전 세계 미디어 전쟁에서 빼놓을 수 없는 요소였다. 국가 지도자의 신뢰성을 높이고 국민의 사기를 진작하는 것으로부터 '무조건 항복' 요구 같은 사안을 처리하기 위한 공식적 국제 외교, 히틀러 일당

**흐루쇼프의 '비밀 연설'을 서방 언론에 폭로한 언론인 존 레티
가 당시 상황을 설명한다**

1956년 2월 24일 밤, 모스크바 심장부에 있는 공산당 중앙위원
회 건물. 당 간부들의 검은색 대형 리무진이 진을 친 채 창문이
밤새도록 환히 밝혀져 있었다. 모스크바에 거주하는 서양인에게
는 매우 낯선 광경이었다. 소련공산당 제20차 전당대회는 이미
그날 오후에 공식적으로 폐회했다. 그렇다면 당 수뇌부가 밤에
부산하게 움직인 것은 무엇 때문일까?

며칠 지나지 않아 심상찮은 소문이 돌기 시작했다. 중유럽 공산
주의자들과 친분이 두터운 서방 외교관들과 공산주의 계열 신
문의 서방 특파원들이 소문에 불을 지폈다. 소련공산당 제1서기
니키타 세르게예비치 흐루쇼프가 스탈린을 (살인과 고문을 비롯
한 흉악 범죄를 저질렀다고) 규탄하는 연설로 물의를 일으켰다는,
좀처럼 믿기 힘든 이야기였다. 스탈린이 죽은 지 3년밖에 지나
지 않은 상황에서 그럴 리 만무했다. 물론 엄격한 통제하에 있는
언론이 '개인숭배' — 이 표현은 스탈린을 암시하는 것이 분명했
다 — 에 대한 공격의 수위를 몇 달째 높여온 것은 사실이다. 비
난은 제20차 전당대회에서 절정에 이르렀다. (단, 공개 연설에서
스탈린의 실명을 거론하며 비판할 권한을 부여받은 사람은 흐루쇼프
의 오른팔 아나스타스 미코얀뿐이었다.) 하지만 고문과 살인을 공
공연히 규탄하는 것은 상상도 못할 일이었다.

그런데 외교관들의 풍문에 따르면 전무후무한 사태가 실제로 벌
어졌다고 했다. 3년 전만 해도 소련 인민 절대다수가 신처럼 떠

받들던 남자가 혹독한 인신공격을 받았다는 것이다. 신은 지상으로 추락했으며, 끔찍한 범죄와 압제를 대규모로 저질렀다는 비난이 그에게 퍼부어졌다.

J. 레티, 「흐루쇼프는 자신의 비밀 연설을 어떻게 유출했는가 How Khrushchev Leaked his Secret Speech to the World」, 『History Workshop Journal』 62.1 (2006), 187~193쪽

의 홀로코스트 정당화 시도에 이르기까지 연설은 다양한 역할을 수행했다. 이 사례 연구는 수사학을 갈등이라는 현상의 한낱 첨가물이 아니라 근본적 요소로서 진지하게 받아들여야 함을 강조한다.

전쟁사학자들은 단순한 '보여주기식' 수사학이 아니라 병력 배치와 첩보 활용 등이야말로 전시 지도력의 핵심이라고 생각한다. 하지만 이런 관점은 전쟁 지도자의 공적 발언이 현대전에서 중요한 역할을 한다는 사실을 간과한 것이다. 지도자의 공적 발언은 외교적 수단이자, 일종의 공개출처정보[공개된 출처에서 얻은 정보로, 첩보와 대조된다]이자, 병사의 임전 태세를 확립하는 수단이자, 도덕적·심리적 우위를 차지하려고 이데올로기를 동원하는 수단이다. '말은 무기다'라는 상투적 표현은 현대 정치 지도자들의 언어 오용을 비난하는 데 곧잘 쓰인다. 그러나 수사를 만들어내고 전달하고 수용하고 선

택적으로 재유포하는 메커니즘이 동맹국 및 적국과의 소통 형식으로서 분석된 경우는 거의 없다. 각국은 싸우고 있을 때조차 서로—또는 서로를 향해—이야기한다. 그 목표는 적국의 사기를 꺾고 자국의 사기를 진작하기 위해서이기도 하고 중도파 국가에 호소하거나 으름장을 놓기 위해서이기도 하고 전후(戰後) 의제를 정하기 위해서이기도 하다. 전쟁 수사학은 단순히 이데올로기를 들여다보는 창이나 국민 동원 수단으로가 아니라—물론 이것도 중요하기는 하지만—참전국 간의 역동적 상호작용 과정으로 보아야 한다. 제2차세계대전을 치르는 동안 연설은 대체로 치밀하게 계획되고 대상을 의식적으로 선정했으며 (민주 국가에서는) 사전에 집단적 숙의를 거쳤다. 하지만 전쟁이 다 그렇듯 치밀한 계산이 어긋나는 경우는 비일비재하다. 연사 개인의 솜씨가 아무리 뛰어나더라도, 청중의 성격이 제각각이기 때문에 연설의 결과를 예측하기란 여간 힘들지 않다. 국내에서나 연합국을 상대로는 성공을 거둔 연설이 다른 곳에서는 재난이 될 수도 있고, 그 반대일 수도 있다. 이를테면 처칠이 1940년 1월에 해군장관 자격으로 중립국들에 보낸 경고는 프랑스에서는 인기를 끌었지만 정작 중립국들로부터는 공분을 샀다. 처칠의 연설을 영국의 협박으로 받아들였기 때문이다. 이렇듯 수사학은 중요한 전략적 도구이지만, 결과가 한결같거나 예측 가능하지 않다는 점 또한 명심해야 한다.

영국의 의회민주주의와 (점차 약화되고 있었을지는 몰라도) 확고히 자리잡은 대중 집회 문화는 전면전(全面戰)의 정치에 적응하는 데 심각한 걸림돌이었다. 처칠은 총리로서 빼어난 웅변가적 지도력을 발휘하여 이 어려움을 이겨냈으나, 한 사람의 재능으로 모든 것을 설명하려 해서는 안 된다. 영국이 수사학이라는 무기를 사용하는 데 비교적 성공을 거둔 이유를 이해하려면 개인의 천재성과 더불어 제도적·기술적 요인을 고려해야 한다. 전 세계 라디오를 감청하는 장비와 제국 곳곳을 연결하는 광대한 유선 통신망을 비롯한 통신 능력 덕에 영국은 외국의 연설에서 정보를 뽑아내고 자국의 수사적 메시지를 전 세계에 전파할 수 있었다. 또한 공무원들의 꼼꼼하고도 효율적인 감독 덕에 말해야 할 것과 말하지 말아야 할 것을 구분할 수 있었으며, 정보부와 정치전국(Political Warfare Executive) 같은 행정 기관도 신설되었다. 하원은 계속 활동하면서 자국 내의 비판에 대해 수사학적 안전밸브 역할을 함으로써 국내의 사기를 유지했다. 처칠의 연설 뒤에는 이런 요인들이 배경으로 깔려 있었다. 그의 연설은 오로지 "영국 국민을 고무하"기 위한 것으로 간주되었으나, 사실 그것은 여러 역할 중 하나에 불과했다(가장 중요한 역할도 아니었을 것이다). 처칠의 연설은 외교적 수단, 특히 미국 여론에 호소하는 수단이었으며 중립국 정부들은 처칠의 연설을 꼼꼼히 읽으며 영국의 힘과 전략에 대한 단서를 찾아내려 애썼다.

미국은 참전국 중에서 전쟁 초기(1939~1941년)에 자국민의 완강한 반대에 부딪히고 전쟁중에 총선을 치른 유일한 나라였다. 물론 일본의 진주만 공격은 고립주의에서 탈피하는 계기가 되었으며 루스벨트의 명연설 「영원히 불명예로 기억될 날date that will live in infamy」은 미국민을 하나로 뭉치게 했다. 하지만 그뒤에도 루스벨트는 자국의 민감한 여론과 연합국의 전략적 요구 사이에서 조심스럽게 줄타기를 해야 했다. 처칠과 마찬가지로 루스벨트의 연설도 사실을 취사선택하여 어떤 것은 전달하고 어떤 것은 숨기기 위한 것이었다. 적국의 선전원들이 연설을 왜곡할 우려가 늘 있었기에 루스벨트의 연설은 심리적 우위를 차지하려는 전쟁터에서 양쪽이 함께 구사하는 무기인 셈이었다. 미국과 영국은 적국뿐 아니라 연합국의 수사에도 촉각을 곤두세웠다. 이를테면 스탈린의 연설을—특히 종전 무렵에—꼼꼼히 조사했는데, 이는 소련에 대한 정보가 부족한 상황에서 소련의 전후(戰後) 목표를 알아내기 위해서였다. 게다가 독일이 미국의 견해에 강박적으로 집착하고 연설과 선전을 통해 미국에 맞불을 놓은 것에서 역설적으로 미국의 수사적 힘을 가늠할 수 있다. 나치스가 우려한 것은 연합국의 연설이 지닌 전복적 힘이었다. 이를테면 1943

Stephen Collins

8. 스티븐 콜린스의 만평. 연설을 전달하고 논평하는 데 어떤 기술을 쓰느냐에 따라 연설을 이해하는 방식도 달라질 수밖에 없다.

……우리는 최후까지 항전할 것입니다…… 프랑스에서 싸울 것입니다…… 바다에서 싸울 것입니다…… / 자신감은 하늘을 찌르고 공중전 능력도 향상될 것입니다…… 우리는 영국을 지킬 것입니다. / 어떤 대가를 치르더라도 승리할 것입니다. / 트위터에 의견이 속속 올라오고 있군요. / 사우샘프턴에 사는 존이 "윈스턴, 힘내요. 꼭 이기세요"라고 전해왔습니다. 존, 고마워요. / 우리는 해변에서도 싸울 수 있고 비행장에서도 싸울 수 있고 들판이나 길거리에서도 싸울 수 있고 언덕에서도 싸울 수 있습니다…… / '해변', '비행장', '들판', '길거리', '언덕' 중에서 어디에서 싸울지 정해서 01996번으로 문자 주세요. / 방금 레딩에 사는 샌드라가 제가 시가를 물고 있는 멋진 그림을 보내왔습니다. 샌드라, 고마워요. / ……리버풀에 사는 빌이 웹캠에 연결되어 있습니다. "윌리*, 모자 근사하네요. 저도 싸우고 싶어요. 방송 매일 재미있게 듣고 있어요." / 푸하하 / 뭐야? 이거 뭐지? 샌드라가 보내준 사진을 보면서 애틀리**가 깔깔대네요. 애틀리, 그만해! 그만하라고! 하하. 죄송합니다, 여러분. / ……베를린에 사는 아돌프가 게시판에 글을 올렸네요. "영국 돼지들아, 무조건 항복해." 못 들은 걸로 하죠. / 지금 들려드릴 노래는 〈예루살렘〉***입니다.

* 윌리: 처칠의 애칭. ** 애틀리: 처칠 당시 부총리. *** 예루살렘: 윌리엄 블레이크의 시에 곡을 붙인 노래로, 영국에서 애국심을 고취하려고 불렀다.

년에 슬로바키아의 한 독일어 신문은 이렇게 주장했다. 연합군이 승리한 뒤에 "유대인이 거리와 광장을 메운 채 부끄러운 줄도 모르고 싱글거리며 적의 방송에 대해 이야기했다. 소문을 지어내고 루스벨트, 처칠, 스탈린의 연설을 퍼뜨렸다." 이 기사가 정확한 사실일 가능성은 매우 낮지만, 이로부터 우리는 나치스가 연설의 영향력을 얼마나 두려워했으며 그와 동시에 반(反)유대주의를 부추길 기회로 얼마나 악용했는지 짐작할 수 있다.

스탈린은 처칠이나 루스벨트와 달리 민주주의라는 굴레에 얽매이지 않았으나, 그렇다고 해서 그와 동료들에게 수사적 어려움이 전혀 없는 것은 아니었다. 1941년에 독일이 소련을 침공하기 전에만 해도, 소련 정부는 1939년 독-소 불가침 조약을 이데올로기적으로 일관되게 정당화하느라 애를 먹었다. 하지만 당시의 연설은 독일과 전 세계 공산주의 진영을 동시에 겨냥하여 주도면밀하게 계획되었다. 서구 제국주의에 전쟁 책임을 물은 연설은 소련 사회에서 즉각적인 호응을 불러일으켰다.

나치스가 러시아를 침공하면서 수사학의 초점은 사회주의 건설이라는 추상적 목표에서 반(反)파시즘이라는 구체적 목표로 이동했다. 공산주의자들은 이제 지구적 차원에서 반파시즘 투쟁의 선봉장을 자임했다. 게다가 스탈린은 수사학을 진지하게 대한 것으로 알려져 있다. 연설문도 손수 썼다. 국민을 상대로 직접 연설하는 일은 드물었지만, (최후의 항전을 촉구하는 야전 명령을 비롯한) 그의 발언은 취합되어 발표되었다. 소련은 스탈린의 발언을 외국어로 유포하는 데에도 공을 들였다. 언어의 뉘앙스에 대한 스탈린의 강박에서 보듯 소련과 공산주의는 말의 힘을 중시했으며 언어를 정확하게 선택하면 현실을 창조할 수 있다고 믿었다. '위대한 애국 전쟁'은 마르크스-레닌주의가 아니라 민족주의 관점으로 포장되었다. 소련의 전쟁사를 이해하려면 사회 구성원 전부를 대상으로 한 스탈린주의 공식 수사학을 반드시 염두에 두어야 한다.

볼거리, 몸짓, 폭력과 결합된 말은 히틀러의 정치학에서 중요한 비중을 차지했다. 히틀러는 문어보다 구어를 중시했으며 스탈린처럼 연설문을 직접 썼다. 하지만 스탈린과 달리 표현 감각이 부족했기 때문에, 구호를 만드는 일은 주로 선전장관 요제프 괴벨스에게 맡겼다. 독일 국민은 히틀러의 목소리에 굶주렸다("총통께서는 언제 말씀하십니까?"). 히틀러가 1944년 암살 기도에서 가까스로 목숨을 건지고 방송 연설을 중단했을 때는 소동이 벌어지기도 했다. 하지만 전쟁이 장기화되면서 히틀러가 국민이 자신의 목소리를 들을 기회를 점차 줄여간 것은 전쟁 지도자로서 명백한 실수였다. 유럽 정치인들이 히틀러의 말에 매달려 그의 발언에서 어떻게든 희망을 찾아내려고 안간힘을 쓰고 독일 국민이 히틀러의 연설에 열광하고 환호하던 1930년대와는 극명하게 대조된다. 그러나 '총통을 지향하여 일하기' 원칙이 작동하는 상황에서 히틀러의 연설은 여전히 결정적으로 중요했다. 유대인 말살이 전쟁의 '필연적 결과'여야 한다는 그의 거듭된 암시도 마찬가지였다. 히틀러는 유대인 학살 같은 사안에 대해 직접 명령을 내리기 싫어했지만, 부하들이 자신의 의도를 짐작할 수 있도록 신호를 보냈다. 이렇게 볼 때 독일 전시(戰時) 동원의 군사적·집단학살적 측면을 연구하려면 나치스 수사학의 역사를 접목해야 한다. 수사학은 정권 내의 긴장을 드러내는 효과도 있었다. 이를테면 1943년에 한 방송에서 헤르만 괴링은 전시 동원의 취약점을 인정했지만, 괴벨스의 선전부가 그의 발언을 검열하여 신문에는 실리지 않았다.

무솔리니는 사악한 히틀러에 비해 더 익살스럽고 덜 위협적인 인물로 통한다. 당시에 연합국측 논평가들은 무솔리니가 "정복자 로마인의 사나운 포효"를 내지르며 "뺨을 부풀리고 가슴을 내민다"는 식의 표현을 즐겨 썼다. 하지만 서구 매체가 무솔리니의 수사학을 허세와 익살로 희화화한 것에 비해 이탈리아인들은 그렇게 생각하지 않았다. 연합국 정부도 마찬가지였다. 그러나 기존 학술 연구에서는 무솔리니의 연설이 전쟁 지도력과 관련하여 어떤 역할을 했는지 밝혀진 것이 별로 없다. 무솔리니는 "나의 연설은 행위다. 나의 연설은 행위를 보고하거나 통보한다"라고 주장했다. 물론 무솔리니는 자신을 행동파로 치장하고 파시스트의 전형적 인물로 행세했다. 하지만 여느 전쟁 지도자와 마찬가지로 그의 말에는 일말의 진실이 담겨 있었다. 전쟁을 선포할 때에도, 연합군의 무조건 항복 요구를 거부할 때에도, 유대인 학대가 정당하다고 우길 때에도, 무솔리니의 연설에는 자국민뿐 아니라 동맹국과 적국의 반응을 이끌어내는 힘이 있었다. 하지만 히틀러와 마찬가지로 몰락(1942~1943년에 두 차례 행한 비관적 연설이 이를 잘 보여준다) 이전의 오랜 침묵은 무솔리니의 지도력이 쇠락했다는 명백한 표시였다.

일본의 진보 인사 기요사와 기요시는 1942년 일기에 "언어에 대한 민감성은 이 시기의 특징이다"라고 썼다(전 세계가 그랬다). 사실 일본 정권의 수사학에는 역설적 측면이 있다. 한편으로는 조화로운 합의를 강조하는 문화가 여전히 확고하게 남아 있었다. 신적인 지위에 있는 히로히토 일왕의 공적 발언이 애매하고 드문 것은 이 때문일 것이다. 유명한 예로, 일왕의 1945년 항복 선언은 "전황이 일본에 유리하게만 흘러가지는 않았다"라는 말로 에둘러 표현되었다. (일왕의 연설은 격식을 차린 궁정식 어투여서 라디오 아나운서가 즉석에서 구어로 바꾸어 중계해야 했다.) 다른 한편으로는 히로히토를 국가라는 가

히틀러 비서의 기억

"〔1943년〕 5월 1일 노동절이 다가왔다. 히틀러는 나에게 매우 중요한 구술을 받아 적도록 했다. 노동절이라 하면 으레 대중 집회를 통해 연설하거나 축제 등의 대규모 행사에 직접 참석하곤 했지만, 전쟁이 시작된 후 지난 몇 년 동안 히틀러는 연설의 대부분을 녹음 후 라디오로 전달했다. 성명서 역시 방송이나 신문을 통해 발표했으며, 무엇보다 전쟁이 시작된 후에는 원고 없는 공개 연설을 절대 하지 않았다. 히틀러는 이런 말을 들려주었다. '개인적으로 원고 없이 자유롭게 말하는 것을 좋아합니다. 하지만 전쟁 동안은 말 한 마디마다 신중히 생각해야 합니다. 전 세계가 귀를 세운 채 말을 듣고 있으니 말이오. 일시적인 기분에 따라 말을 하다가 혹시 한 마디라도 잘못 튀어나오면 일이 어렵고 복잡해질 수 있소.' 히틀러는 대관구장이나 장교들, 또는 기업가들과 관련된 내부 모임에서만 원고 없이 연설했다."

트라우들 융게, 『히틀러 여비서와 함께한 마지막 3년』(2003)
〔한경BP, 2005, 113~114쪽〕

족의 가장으로 표현하는 언어 용법이 기술적 근대성을 찬양하는 수사나 천박하기 이를 데 없는 라디오 선전과 공존했다. 존 다우어 말마따나 이러한 이분법은 동아시아의 미래에 대한 일본 정권의 제안에도 스며 있었다. "아시아 민족 간에 인종을 초월한 유대를 제안하는 상투적 문구가 영구적 분리와

차별을 시사하는 함축적 표현과 더불어 나타났다." 게다가 히로히토의 지위가 지닌 표면적 중의성과—그 덕에 백성의 행위에 대한 책임을 부인할 수 있었다—일본 국민에 대한 도덕적 권위는 미국의 전시 정책 입안자들에게 영향을 끼쳤다. 이들은 히로히토를 국가수반으로 놓아두는 것이 전후 안정에 유리하다고 믿어, 미국에 널리 퍼진 반(反)일왕 정서를 무릅쓰고 그의 전쟁 책임을 경감해주었다. 한편 미국은 '무조건 항복'의 수사를 내세워 원폭 투하를 합리화할 수 있었다. 이렇듯 수사학은 군사적·정치적 선택과 연관되어 있기 때문에, 담화를 둘러싼 문제나 의사결정에 관련된 문제를 각각 별도의 분석 틀에서 다루어서는 안 된다.

문화, 제도, 기술

현대 수사학은 (전쟁과 냉전으로 인해 훌쩍 발전한) 지구적 통신 혁명과 따로 떼어 이해할 수 없다. 기술 변화 또한 정치 제도와 문화로부터 동떨어진 자율적 힘으로 간주해서는 안 된다. 이를테면 루스벨트의 유명한 '노변담화'가 어떤 영향을 끼쳤는지 판단하려면 이 라디오 연설이 언제 방송되었는지, 라디오를 들을 수 있던 미국인이 몇 명이었는지, 라디오 방송국의 소유권이 지리적으로, 계층적으로, 인종적으로 어떻게 분포했는지 알아야 한다. 청취 습관에 대해서도―집에서 듣는지 직장에서 듣는지, 혼자 듣는지 함께 듣는지―알면 더할 나위 없을 것이다. 루스벨트의 방송 연설은 미국 헌법의 구성을 (부분적으로) 따르는 대통령의 전반적 수사학 패턴에 어떻게 부합했을까? 또한 기술이 어떻게 쓰였는지, 기존의 정치 형태에 어떻게 적응했는지도 물어야 한다.

기술이 수사학적 행위에 영향을 끼치는 것은 분명하지만 결정적 요소라고 단언할 수는 없다. 단지 기술을 손에 넣는다고 해서 쓸 수 있게 되는 것은 아니다. 전달 수단이 개선된다고 해서 반드시 수사학 소비가 증가한다고 가정할 수는 없다. 영국 의회가 언론에 더 많이 오르내린 것은 대처의 시대가 아니라 글래드스턴의 시대였다. 주요한 국가 입법 과정이 텔레비전과 라디오에서 중계되기 시작한 것은 수십 년 뒤에 기술적 수단이 도입되고 나서였다. 프랑스 국민의회가 라디오로 처음 중계된 것은 1947년이지만 텔레비전 중계는 1993년에야 시작되었다. 독일 연방하원은 새 수도 베를린으로 이전한 1999년에야 텔레비전으로 중계되기 시작했다. 미국 의회 청문회가 텔레비전으로 중계된 것은 1948년이지만―몇 해 뒤에 조지프 매카시 상원의원의 빨갱이 사냥이 사그라진 데는 텔레비전에서 그를 악당으로 비춘 탓도 있다―하원과 상원의 회의 장면이 텔레비전으로 중계된 것은 각각 1977년과

1986년 들어서였다. 영국 하원은 1989년에 텔레비전으로 중계되기 시작했지만, 내보낼 수 있는 장면에 제약이 있었다. 이를테면 텅 빈 의원석을 팬 기법으로 촬영하는 것은 금지되었다. 그래서 '도너팅(doughnutting)'이라는 관행이 생겼다. 의원들이 연설자 주위에 가까이 앉아서 의사당이 꽉 찬 것처럼 보이게 하는 것이다.

민주주의 체제에서 정치인이 수사학의 시청각적 보도를 일일이 통제할 수 있는 것은 이런 제도적 상황에서뿐이다. 대개는 텔레비전 피디가 시청자의 눈길을 사로잡으려고 사용하는 편집 기법에 놀아날 수밖에 없다. 정치인들이 (1980년대의 용어인) '방송용 멘트(soundbite)'에 목매다는 것은 이 때문이다. 정치인이 긴 연설의 부담에서 벗어난 것은 아니었지만, 촌철살인의 어구가 텔레비전 뉴스 단신에 포착되도록 연설을 구성하는 것이 일상화되었다. 그런데 월드와이드웹이 발달하여 연설, 성명, 기자회견의 원본을 온라인으로 유포할 수 있게 되면서 이러한 의존 관계에 다소 변화가 생겼다. 이 방법을 이용하여 유권자와 직접 대면하려고 시도하는 연설자도 있다. 2009년에 고든 브라운 당시 총리는 의원의 비용 문제에 대한 중요한 성명서를 하원이나 기자회견에서가 아니라 온라인 동영상으로 발표했다. 결과는 좋지 않았지만.

논란의 여지가 있지만, 지금은 정치인의 수사를 누구나, 그

것도 어느 때보다 간편하게 접할 수 있게 되었다. 비록 대면
(對面) 상호작용이 아니라 전자적(電子的) 상호작용이기는 하
지만 말이다. 물론 지금까지 인터넷은 전통적 언론 매체를 몰
아내기보다는 보충하는 데 머문 것이 분명하다. 하지만 웹은
일반 시민이 수사학을 해석하고 새로운 의미를 부여할 새로
운 기회다. 이를테면 존 F. 케네디는 1961년 4월 27일 연설에
서 "우리는 전 세계에서 획일적이고 무자비한 음모와 맞서고
있습니다"라고 말했다. 맥락에 비추어 보면 이 말은 국제공산
주의를 일컫은 것이 분명하다. 그러나 문장을 선택적으로 편
집하여 음산한 이미지의 몽타주를 배경으로 재생하면 케네디
가 사악한 프리메이슨 음모를 경고했다는 취지로 해석될 수
도 있다. 이런 동영상이 온라인에 올라가면, 이 연설 "때문에
JFK가 암살당했다"거나 케네디 자신이 이 왜곡된 편집본의
승인을 거부했다는 의견이 달리기도 한다.

　매체 접근권과 매체 활용 방식은 경제 발전 단계에 따라 제
각각이지만 매체 기술은 나라마다 대동소이하다. 그럼에도
수사학 문화는 나라마다 극적으로 달라질 수 있다. 한 가지 이
유는 정치 제도와 정치 구조. 영국처럼 입법부가 정부를 구
성하는 경우는 미국처럼 권력이 분점된 경우와는 다른 특징
을 나타낼 것이다. 하지만 모든 것을 제도로 설명할 수는 없
다. 청중의 기대도 중요한 역할을 한다. 이러한 기대는 형식적

규칙에 좌우될 것이지만, (이를테면) '웨스트민스터 의회 모델'은 영국의 옛 식민지들에서 저마다 다르게 운용되었다. 이렇게 볼 때 수사학 문화가 규칙에만 좌우되는 것은 아니다. 실제로 규칙을 확립하는 것은 권위 있는 문서가 아니라 전통인 경우가 있으며 해석 또한 상황에 따라 유동적일 수 있다. 샌드라 해리스(Sandra Harris) 말마따나 입법부는 '실천의 공동체'라고 말할 수 있다. 신참은 '상황학습(situated learning)'을 통해 사회·문화적 관습(이를테면 수사적 규범)을 받아들인다.

심지어 입법과 무관한 연설조차도 규칙과 비공식 규범의 제약에 얽매일 수 있다. 미국 대선 토론이 텔레비전으로 처음 중계된 것은 1960년이다. 잠시 중단되었다가 1976년에 다시 시작된 텔레비전 대선 토론은 그뒤로 정치적 관행이 되었다. 후보 선거팀은 토론에서 우위를 차지하려고 형식이나 시간을 비롯하여 세세한 부분까지 실랑이를 벌인다. 토론은 선거에 결정적 영향을 끼칠 수 있다. 1980년에 로널드 레이건은 텔레비전 토론에서 지미 카터를 누른 뒤에 인기가 급상승했다. 이에 못지않게 중요한 사실은 두 후보의 요청에 따라 무소속의 존 앤더슨이 토론에서 배제되었다는 것이다. 이 일로 앤더슨은 대권 가도에서 멀어졌다. 1987년에 '대통령 선거 토론 위원회'가 설립되면서 대선 토론은 법적으로 제도화되기에 이르렀다. 하지만 토론이 탄생하고 살아남은 데는 우연과 행운의 역할도 컸다. 현직 후보는 도전자가 자신과 대등하게 비칠까봐 토론을 꺼린다. 1960년에 토론이 성사된 데는 케네디와 닉슨 둘 다 현직이 아니었던 탓도 있다. 1976년에 제럴드 포드 대통령은 현직이었으나 카터와의 토론에 응했다. 여론 조사에서 32퍼센트포인트 뒤지고 있었기에 더는 잃을 것이 없다고 생각했기 때문이다. 즉, 수사학 문화는 고정되어 있지 않으며, 우연과 이해타산을 비롯한 여러 요인의 영향을 받는다. 영국, 아일랜드, 프랑스, 나이지리아 등에서도 선거 토론을 도입했지만 도입 시기는 상황에 따라 달랐다. 기술의 영향도 결코 획일적이지 않았다. 수사학을 둘러싼 문화와 제도는 융통성 있게 변화했다.

여느 수사학적 행위와 마찬가지로 토론에도 논쟁의 성격이 있다. 말하자면, 토론은 단순히 논증이 이루어지는 장소가 아니며 토론 자체가 이데올로기 논쟁의 일환이라는 것이다. 2004년에 선거 운동 단체 열 곳에서 발표한 보고서에 따르면 대통령 선거 토론 위원회는 비당파적 제도라는 허울을 쓴 채 양대 정당의 요구를 "순순히" 받아들임으로써 "미국 국민의 이익에 반하여 기만적으로 공화당과 민주당의 편을 들었다"고 한다. 보고서에서는 그 결과를 이렇게 요약한다.

자유무역과 아동 빈곤처럼 미국 국민이 듣고 싶어하는 사안이 외면되는 일이 부지기수다. 토론은 공화당 후보와 민주당 후보가 암기한 문구를 교환하는, 겉만 번드르르한 양당 기자회견으로 전락했다.

물론 위원회를 지지하는 쪽에서는 토론이 공정했다고 맞받아쳤다. 하지만 대선 토론에 제기된 비판은 특정한 목소리와 주제에 특혜를 주고 나머지를 외면하는 수사적 쇼를 연출하는 데 매체가 어떤 역할을 했는가에 대해 중요한 질문을 던진다. 정치학자 머리 에덜먼(Murray Edelman) 같은 비판자들은 현대 매체가 '정치적 볼거리(political spectacle)' 생산의 공모자라고 주장했다. 매체는 대중이 충격과 자극을 받거나 확신을 갖도록 이슈를 포장하는 한편 배후의 자본주의적 권력 구조를 감춘다는 것이 통념이다. 단, 방송 출연 기회를 얻는 정치인조차도 매체가 자신의 권력과 권위에 동조하지 않고 도전한다며 곧잘 분통을 터뜨린다는 사실을 눈여겨볼 필요가 있다. 하지만 (적어도 부분적으로는) 말하지 않는 것의 관점에서 토론을—공식 토론이든 아니든—바라보는 것은 언제나 틀림없는 방법이다. 두 토론자가 겉으로는 격렬하게 싸우더라도, 속으로는 (적어도) 무엇이 중요한 논쟁거리인가에 대해 합의했을 가능성이 있다. 또한 어떤 사안은 언급하지 않거나 다루지 않는 것이 낫다는 암묵적 합의가 이루어졌을 수도 있다. 따라서 수사를 분석할 때는 논쟁의 용암을 분출하는 화산섬들을 둘러싼 고요한 합의의 바다를 염두에 두어야 한다.

게다가 전자 매체가 성장하면서 여론 조작의 힘에 대한 두려움과 (정치에서 소외되고 수동적 존재로 전락한) 대중의 탈정치화에 대한 우려가 생겼다. 텔레비전이 증가하면서 대중적 선거 집회가 쇠퇴한 것은 분명하다(두 추세가 정확히 일치하는 것은 아니지만). 정치인들은 비록 보기 좋게 포장되고 사전 각본에 따라 진행되는 매체 보도와 여러모로 공모하고 있을지라도, 유권자들과의 거리가 멀어지는 것을 달가워하지는 않는다. 역사가 존 로런스(Jon Lawrence)는 영국의 사례를 거론하며 20세기 후반 이후로 "선거 집회의 여러 전통이 새로운 형태로 다시 등장했"다고 주장한다. 2005년 선거에서 토니 블레어는 "길거리보다는 텔레비전 스튜디오의 비교적 통제된 환경을 선호하면서도 이른바 '마조히즘 전략'에 따라 실제 유권자를 만나고 다니는 고된 일정을 적극적으로 소화했다". 2011년 아일랜드 대통령 선거전에서는 후보 토론이 시작되기 전에 청취자에게서 온라인으로 질문을 받기도 했다. 이 방식을 옹호하는 쪽에서는 "국내외 아일랜드 국민에게 후보와 소통하고 토론에 실질적으로 참여할 기회를 부여함으로써 선거 토론을 현대에 맞게 변모시켰다"고 주장했다. 물론 이러한 참여의 실효성은 아직 검증되지 않았다.

> **전통적인 토론의 '촌철살인' 한마디: 1988년 댄 퀘일 상원의원 (공화당)과 로이드 벤트슨 상원의원(민주당)의 부통령 선거 토론 에서**
>
> 퀘일: (요청을 받는다면) 저는 미합중국 부통령으로서의 책무를 수행할 준비가 되어 있습니다. …… 저는 이 나라 부통령직에 도전한 수많은 사람들보다 경험이 훨씬 풍부합니다. 대통령에 출마했을 당시의 잭 케네디〔존 F. 케네디〕 못지않은 의회 경력이 있습니다. 저는 불미스러운 사건이 일어날 경우 부시 행정부 인사들을 통솔할 능력이 있습니다.
>
> 벤트슨: 의원님, 저는 잭 케네디 밑에서 일했고 잭 케네디를 알았습니다. 잭 케네디는 제 친구였습니다. 의원님은 잭 케네디와 영 딴판입니다.

로런스는 공격적인 텔레비전 인터뷰를 일컬어 구식 선거 집회에서 소란 피우는 사람의 현대판이라고 말한다. 물론 이것은 시청자의 기대가 달라진 탓도 있다. 지금은 격식을 갖춘 것으로 보이는 텔레비전 인터뷰 질문도 1950년대 영국에서는 공격적이고 꿍꿍이가 있는 것으로 비쳤을 것이다. 새로운 매체와 경쟁 관계에 놓인 신문은 텔레비전을 부정적으로 묘사하려는 유혹을 느꼈다. 규제뿐 아니라 이런 경쟁 관계도 방송 문화에 영향을 끼친다. 이를테면 미국은 영국보다 방송 체제

연습: 토론 규칙 협상하기

이번 과제는 두 명 이상의 후보가 참여하는 토론을 구성하는 것이다. 후보자는 현대의 정치인일 수도 있고, 역사적 인물일 수도 있고, 가상 인물일 수도 있다. (현실에서 대면 토론할 가능성이 없는 사람들도 괜찮다. 이를테면 오사마 빈 라덴과 조지 W. 부시를 토론시켜도 된다.) 각 후보에게 선거팀을 배정한다. 각 팀은 토론 형식과 관련하여 자기 후보에게 유리한 요구 사항을 정리한다. 이를테면 장소, 질문(누가 질문할 것인가? 어떤 주제에 대해 질문할 것인가?), 방청객, 서서 토론할 것인가 앉아서 할 것인가 등을 협상하여 토론 형식을 정한다. 마지막으로, 토론 위원회를 대표하는 중재인에게 합의 결과를 제출한다. 중재인은 합의 결과를 수용할 수도 있고 추가 협상하라며 반려할 수도 있다.

의 유연성이 훨씬 크기 때문에, 노골적으로 특정 정당 편을 드는 방송을 제작할 수 있는 여지가 훨씬 크다. 따라서 후보에게 매우 편파적이고 공격적이고 당파적인 질문이 제기되고 후보도 공격적으로 대응하기 쉽다.

텔레비전 인터뷰가 사실상 무늬만 인터뷰라고 생각할 수도 있다. 정치인이 질문에 제대로 대답하기를 회피하면서 자기 입장만 내세울 우려가 있다는 것이다. 그럼에도 수사학적 행위로서의 인터뷰는 적어도 연설만큼 중요한 역할을 할 수 있

155

다. 이를테면 2003년에 자크 시라크 대통령은 이라크 침공에 반대하여 유엔에서 거부권을 행사하겠다는 의지를 표명하기 위해 인터뷰를 활용했다. 질문을 회피하더라도 대답에서 실마리를 얻을 수 있다. 2011년 말에 시리아의 독재자 바샤르 알아사드는 미국 언론인 바버라 월터스와의 인터뷰에서 자신의 정권이 반대파의 저항을 폭력적으로 진압한 것에 대해 책임을 (터무니없게도) 부인했다. 알아사드는 거짓 발언에도 불구하고 그의 자아상에 대해, 또한 반대파를 굴복시키는 전략에 대해 속내를 들키고 말았다. 한 논평가 말마따나 알아사드가 자국민이 아니라 외국 언론과 이야기하기로 결정한 것은 의미심장했다. "알아사드는 국제적 선의의 중요성을 하찮게

광고의 수사학

광고 산업은 설득 비즈니스의 궁극적 형태다. 따라서 광고업계는 수사법을 — 시각적 수사법과 언어적 수사법 둘 다 — 필요로 한다. 분량의 제약은 수사법의 주된 걸림돌이지만, 그 덕에 (적어도 이따금은) 기술적으로 뛰어난 결과를 낳았으며 광고는 수사적 분석의 금맥이 되었다. 두운("버틸 수 없는 버터의 맛You'll never put a better bit of butter on your knife"), 수사 의문문("아직 인생이 달라지지 않았습니까?Has it changed your life yet?"), 과장법("지상 최대의 쇼The Greatest Show on Earth"), 암시법(innuendo)("바디다스 비누로 목욕한 뒤에 일어

나는 일Things happen after a Badedas bath"), 비유("오렌지주스 없는 하루는 햇빛 없는 하루와 같다A day without orange juice is like a day without sunshine"), 역설("로봇 수작업Hand-built by robots"), 심지어 창조적 중복("모든 세균을 살균하고 죽입니다 Kills all known germs–Dead!")에 이르기까지 온갖 수사법이 동원된다. 빅토리아 시대의 실제 서커스 포스터를 바탕으로 만든 비틀스의 노래 〈카이트 씨를 위하여Being for the Benefit of Mr Kite!〉는 광고 수사법이 얼마나 매력적인가를 유쾌하게 보여준다.

물론 광고 수사학은 의심의 눈초리를 사야 마땅하다. 아무리 논리와 이성에 호소하는 것처럼 포장하더라도, 광고가 우리의 행동에 우리도 모르게 영향을 끼치려고 잠재의식에 메시지를 심으려 한다는 사실은 누구나 안다. (수사법을 알면 아마도 저항하는 데 도움이 될 것이다.) 사람들이 필요하지도 않은 물건을 사도록 설득하는 것은 윤리적 문제가 있다고 말하는 사람도 있을 것이다. 정치가 상업적 광고 기법에 어찌나 오염되었는지 토론이 심각하게 훼손되었다고 여길 수도 있다. 하지만 자본주의를 비판하는 사람들이 이 기법을 즐겨 써먹었다는 사실 또한 인정해야 한다. 나오미 클라인의 반(反)세계화 선언 『슈퍼 브랜드의 불편한 진실No Logo』(1999)이 베스트셀러가 된 데는 출판사가 저자의 매력을 마케팅에 활용하고 책 표지의 반(反)로고를 상징으로 써먹은 덕도 있다. 공산주의의 광고 수사학은 자본주의에 비하면 약과다. (출처가 불분명한) 소련의 이 구호는 조잡하기 그지없다. "농업 노동자들이여! 동물 사육의 사료 기반을 강화하라! 육류, 우유, 계란, 양모 등의 생산과 대(對)국가 판매를 증진하라!"

여기는지도 모르겠다. 월터스와의 인터뷰에서 그가 읊은 주
문(呪文)은 서방과 아랍의 나라들이 훼방을 놓아도 그에 대한
자국민의 지지를 꺾을 수는 없으리라는 것이었다. 하지만 인
터뷰어의 선택은 그의 말과 달리 해석된다." 현대 매체 기술
은 조작이나 마인드 컨트롤과 결부되는 경우가 많지만—터
무니없는 얘기는 아니다—무심결에 드러나는 흔적과 단서
때문에 곧잘 효과가 반감된다.

'수사적 대통령'과 '반지성적 대통령'

현대 수사학과 관련한 학계의 논쟁은 미국 학자들이 주
도했으며 이들의 관심사는 미국 정치였다. 그중에서도 제프
리 툴리스(Jeffrey Tulis) 등이 주창한 '수사적 대통령(rhetorical
presidency)' 개념이 큰 영향력을 발휘했다. 단, 이 개념이 대
통령의 모든 수사를 일컫지는 않는다. 오히려 미국의 정치
제도가 변함에 따라 수사가 어떻게 변했는가를 비판적으로
분석한다. 툴리스는 19세기와 20세기를 극명하게 대조하며
19세기의 대통령들이 구두 의사소통에서 과묵했다고 주장
했다.

시어도어 루스벨트 대통령과 우드로 윌슨 대통령 이후로 대중 수

사학은 대통령의 주요한 통치 수단이 되었다. …… 대통령이 끊임없이 스스로를 공개적으로 변호하고 정책안을 전국적으로 홍보하고 국민의 사기를 북돋울 의무가 있다는 것은 이제 당연하게 받아들여진다.

이것은 국가적으로 중요한 문제였으며, 툴리스가 보기에는 개탄할 만한 현상이었다. 초창기 대통령들은 미국 창건자('건국의 아버지')들의 본보기를 따라 선동적 호소를 지양하고 의회와 직접―주로 서면으로―소통함으로써 대중 정서의 압박에 짓눌리지 않는 이성적 숙고의 분위기를 진작했다. 하지만 1900년 이후에 대통령직을 '강자의 연단'(bully pulpit, 시어도어 루스벨트의 표현)으로 사용하면서 애초의 헌법에 '제2의 헌법'이 덧씌워졌다. 제2의 헌법은 기존 헌법과 긴장 관계였으며 미국 창건자들의 헌법 이해와 상충되었다. 이후의 대통령들은 의회를 무시하고 국민에게 호소하기 시작했다. 국민을 내세워 의회를 압박하려는 의도였다. 고전적인 예로 윌슨은 제1차세계대전이 끝난 뒤에 전국을 돌며 미국의 국제연맹 가입을 의회가 비준하도록 해달라고 요청했다(결국 실패로 돌아갔지만). 툴리스는 과거의 숙의 모형이 가진 힘을 되찾으려면 수사적 대통령을 변경하거나 균형을 새로 맞추어야 한다고 생각한다. "개인적 능력이나 카리스마적 능력을 활용하여 대중을 동원하려고 끊임없이 시도하면 헌법적 권위 또는 정상적 권위가 정당성을 잃는다." 툴리스는 이렇게 덧붙인다. "수사적 대통령의 특징인 위기의 일상화는 카리스마를 되풀이하려는 시도의 부산물이다."

　수사적 대통령 개념은 영향력과 논란을 동시에 불러일으켰다. 한편으로, 전통·현대 이분법의 유효성에 의문이 제기되었다. 과거의 대통령은 툴리스의 주장보다 후임자와 더 비슷했을지도 모른다. 다른 한편으로, 툴리스와 동료 연구자들은 정책 중심의 수사학에 치중하느라 다른 형태의 수사학을 간과하고 수사학을 조잡한 정서적 호소의 관점에서 지나치게 단순화했다는 비판을 받았다. 그럼에도 수사적 대통령의 본래 개념은 분석과 정교화의 대상으로 적격이었다. 숀 J. 패리자일스(Shawn J. Parry-Giles)는 트루먼 대통령과 아이젠하워 대통령 시절이 분수령이었다고 주장한다. 냉전 상황에서는 미국 국민을 향한 대통령의 공식 메시지를 은밀한 선전 메시지로 보충하는 일이 점차 늘었다. "기술이 발달하고 행정 명령이 비밀로 분류되면서 대통령이 활용할 수 있는 소통 수단이 증가했다. 수사적 대통령의 범위가 확장되어 더 많은 '숨은 손(hidden hand)' 소통 전술이 포함되었다."

　브루스 E. 그론벡(Bruce E. Gronbeck)은 '전자 대통령(electronic presidency)'의 출현 시기를 1924년, 즉 전당대회

의 전 과정이 라디오에서 중계되기 시작한 해로 잡는다. "전자 대통령은 다른 어떤 시대에 통치하고 경험된 대통령과도 근본적으로 다르다." 그렇다면, 수사적 대통령 현상은 헌법적 원칙의 변화 때문이 아니라 되돌릴 수 없는 기술적 변화 때문으로 보아야 한다. 그런 상황이라면 과거 대통령들의 과묵한 태도를 부분적으로나마 되살리는 것조차 무망해 보인다.

수사적 대통령 개념에 대한 비판 중에서 가장 중요한 것은 엘빈 T. 림(Elvin T. Lim)의 『반지성적 대통령The Anti-Intellectual Presidency』이다. 림의 주장에 따르면, 문제는 대통령이 말을 너무 많이 하거나 엉뚱한 청중에게 말하는 것이 아니라 대통령 수사의 지적 수준이 꾸준히 하락했다는 것이다. 림은 양적 기법을 창의적으로 활용하여 확고한 근거를 가지고 자신의 쇠퇴론을 뒷받침한다. 그의 핵심 근거 중 하나는 이른바 '플레시 가독성 공식(Flesch Readability formula)'을 이용하여 대통령 연설의 난이도를 분석한 것이다. 플레시 가독성 공식은 연설의 평균 문장 길이와 단어당 평균 음절 수를 조합하여 0점부터 100점까지 점수를 매기는 방식으로, 점수가 높을수록 단순하고 가독성이 높다. 1790년부터 2006년까지 모든 대통령의 국정 연설에 대해 플레시 점수를 계산했더니 18세기와 19세기의 연설은 대체로 30~50점인 반면에 현대의 연설은 60~70점가량이었다. 말하자면 과거의 연설은 대학생

연습: 연설 난이도 조절

250단어짜리 글을 써서 플레시 가독성 점수를 계산한다. (일부 워드프로세싱 프로그램이나 온라인에서 플레시 가독성 점수를 확인할 수 있다.) 점수가 50점 이상이면 단어와 문장의 길이를 늘여 점수를 10점 이상 낮춘다. 점수가 50점 미만이면 반대 방법으로 점수를 10점 이상 높인다.

정도의 해독 수준을 전제한 반면에 후대의 연설은 약 13~14세의 학생에게 알맞았다. 림에 따르면 플레시 점수가 급격히 높아진 것은 1913년, 즉 우드로 윌슨이 대(對)의회 육성 연설이라는 제퍼슨 이전의 관행을 되살린 해다. 그런데 플레시 점수는 그전부터 이미 높아지고 있었다. 이 추세는 라디오가 등장하기 전에 시작되었으므로, '전자 대통령' 탓으로 돌리기 힘들다. 오바마 대통령은 학자 같은 말투를 쓰지만, 난이도가 낮아지는 추세가 바뀌지는 않았다. 이를테면 오바마의 2011년 연두 교서의 플레시 점수는 64.4점이었다.

림은 단순한 언어가 민주적 참여에 이로울 수 있음을 인정하면서도 "어느 시점이 되면 수사적 단순화가 실체를 증발시켜" 유의미한 숙의가 불가능해질 것이라고 주장한다. 림은 자신의 주장을 뒷받침하는 인상적인 근거를 또 내놓는다. 대통령의 수사학에서 **로고스**의 사용이 감소하고 감정에 호소하는 상투적 표현이 증가했다는 것이다. 림은 연설문 작성자에게 비난의 화살을 돌렸다. 이들이 너나없이 단순한 표현을 선호하는 바람에 가뜩이나 반지성적으로 바뀌고 있던 대통령들의 성향이 겉으로 드러났다는 것이다. (1920년대에 하딩과 쿨리지의 연설문 작성자였던 저드슨 웰리버는 최초의 대통령 연설문 작성자로 알려져 있다.) 림의 주장은 대부분 설득력이 있다. 하지만 그의 처방은 툴리스와 마찬가지로 미흡할 수밖에 없는 듯하다. 림은 "대통령에게 수사학에 논증과 내용을 불어넣으라고 요구하지 말라. 이는 우리를 기만하는 것보다 훨씬 힘든 일일 것이다"라고 말한다. 하지만 대통령의 수사학을 고양하고 회복시키라는 그의 요구는 어떤가? 림의 묘사에 따르면 단순화의 추세는 거스를 수 없는 것처럼 보인다. 우려할 만도 하다. 하지만 어느 시대나 자신의 시대에 수사학이 쇠퇴한다고 개탄할 만한 충분한 이유가 있었음을 생각하면 위로가 될지도 모르겠다.

림은 미국만을 분석 대상으로 삼았지만 이러한 추세가 미국에만 국한되지는 않을 것이다. 미국의 수사학 연구는 전인미답의 경지를 개척했지만, 다른 문화와 비교 연구를 게을리했다는 약점이 있다. 이를테면 연설문 작성이 정부의 공식 업무가 된 것은 미국만이 아니다. 이로 인해 제기되는 진품성 문제—연사가 자신의 언어로 쓰지 않는 것이 문제가 될까? 민주주의적 지배와 관련해서는 어떤 의미가 있을까?—도 미국에만 해당하는 것이 아니다. 하지만 미국 정치 체제의 특징 때문에 어떤 수사학적 속성은 미국 밖에서는 재현되지 않기도 한다. 이를테면 영국 정치가 '대통령화(presidentialization)'되고 '미국화(Americanization)'되고 있다는 논의가 수십 년째 이어지고 있다. 수사학적 측면에서 보자면 이 주장에는 신빙성이 있다. 1940년대와 1950년대에는 총리가 의회 밖에서 발언하는 데 제약이 컸지만, 마거릿 대처는 1980년 3월 한 달에만 강연 한 건, 파티 연설 두 건, 독일의 공식 회의 만찬에서 연설 한 건, 서독 수상과의 합동 기자회견 한 건, 텔레비전 인터뷰 두 건, 책에 실을 인터뷰 두 건, 정견 방송 한 건, 언론인과의 가벼운 대담 세 건을 소화했다. 후임 총리들도 대중과 만나는 일에 열심이었다. 그러나 최근 영국에서 관찰되는 '수사적 총리'와 미국의 수사적 대통령 사이에는 중요한 차이가 있다. 총리는 하원의 신임을 얻을 때에만 권력을 유지할 수 있으며, (의원 중에서 장관을 임명하기 때문에) 입각 가능성을 미끼 삼아 의원들이 정부의 입장에 동조하도록 유인할 수 있다. 이에 반해, 권력이 분리된 미국에서는 다른 역학 관계가 형성된다. 의회가 대통령에게 적대적이거나 고분고분하지 않을 수 있으며 입각을 미끼로 내밀 수도 없다. 그러니 야당 의원뿐 아니라 여

다우닝가 정책 자문이 말하는 해럴드 윌슨의 수사학 경력

"윌슨은 연설을 통해 정치를 바라본다. 그에게 연설은 사실을 낭독하여 기록으로 남기고, 자신이 이야기한 것을 추후에 참조할 수 있도록 — 나중에 나약해지거나 정책을 철회하지 않도록 — 사전에 자신과 정부의 견해를 공개하고, 싫은 사람을 공격하는 수단이다. …… 윌슨의 정치 인생은 대부분 수사적이었다. 야당에 있을 때는 당연히 그럴 수밖에 없었고, 총리가 되어 정부를 이끌 때에도 자기 부처가 없으니 수사학을 활용해야 했다."

버나드 도너휴, 『다우닝 가 일기: 해럴드 윌슨의 총리 시절
Downing Street Diary: With Harold Wilson in No. 10』, 2005, 586쪽
(1975년 11월 28일 일기)

당 의원에게도 압력을 행사할 방도를 찾아야 한다. 1945년 이후 총리들은 이런 식으로 여론을 활용할 필요성이 없었다. 예외가 있다면 영국의 유럽경제공동체 가입에 대한 1975년 국민투표에서 해럴드 윌슨이 벌인 '찬성' 캠페인일 것이다. 이것은 분열된 노동당을 제쳐두고 여론에 호소하여 성공을 거둔 사례로 볼 수 있다. 기술, 제도, 그리고 수사학의 형식과 내용이 어떤 관계인지 온전히 이해하려면 아직도 연구할 것이 많다. 이를 위해서는 비교 연구가 필요하며, 이는 미국 이외 국가의 수사학에 대한 재평가를 바탕 삼아야 할 것이다. 다행히

도 지난 몇 년간 이러한 비교 연구가 시작되었다는 희망적 신호가 보이고 있다.

결론

월터 옹(Walter Ong)에 따르면 인류 문화는 구어가 전부이던 최초의 '일차적 구술성(primary orality)'에서 글에 의존하는 현대의 '이차적 구술성'으로 전반적으로 이동했다. 이 새로운 조건에서는 전화, 라디오, 텔레비전 같은 새로운 구두 소통 형식이 이용되지만 문자 및 읽고 쓰기 능력과의 긴밀한 연관성은 여전히 남아 있다. 뉴스 캐스터(newsreader)는 읽는다. 대통령도 곧잘 읽는다. 즉흥적 표현을 구사할 능력이 있어도, 글이 없으면 갈피를 잡지 못한다. 물론 신문을 낭독하던 시절도 있었지만, 전자 매체의 의의는 한 번도 대면하지 않은 개인이나 집단이 정체성을 공유하는 공동체를 구성할 수 있는 가능성이 커졌다는 것이다. 이것은 현대 수사학의 뚜렷한 특징이다. 단, 과거와 현재가 단절되지 않도록 신중을 기해야 한다. 옹은 이렇게 말했다. "남아 있는 일차적 구술성, 문해력, 이차적 구술성은 서로 활발히 상호작용하여 우리의 이차적 구술 세계에서 복잡한 패턴으로 어우러진다." 하지만 수천 명이 아니라 수억 명이 연설을 방청할 수 있게 되면 수사학이 양적으로

뿐 아니라 질적으로도 새로운 국면에 들어선다는 것은 분명하다.

이러한 현상이 불안감을 일으키는 것은 놀랄 일이 아니다. 짧아져만 가는 문구를 구사하여 감정으로 이성을 누르는 수사학의 단순화에 대한 우려, 심리적 조작에 대한 두려움을 쉽사리 떨칠 수 없다. 미디어에 소비되려고 계획한 행사에서 공인이 남이 써준 상투적 문구를 읊을 때 많은 사람들이 '초현실적' 현대 정치에서 '이상한 나라의 앨리스'적 성질을 감지할 만도 하다. 억압적 정권은 예나 지금이나 언어를 통제하여 사악하고 비극적인 효과를 일으킨다. 하지만 이차적 구술성의 '혼란스러운 복잡한 패턴'이 더더욱 우리를 소외시키지만, 여기에서 나타나는 불규칙성은 기묘한 위안을 준다. 알렉세이 유르차크(Alexei Yurchak)는 소련 후기의 문화를 분석한 글에서 연설, 구호, 의식을 통해 공식 담론을 재생산하려는 정권의 시도가 겉보기에는 지배적이었지만 결국 "의식과 언어 행위 형태의 수행적 재생산은 일상생활에서 (공식 입장에서 벗어난) 다양하고 다중적이고 예측할 수 없는 의미의 출현을 **가능케 했다**"고 주장한다. 이 체제가 무너지리라고 예상한 사람은 아무도 없었지만, 어쨌든 무너졌을 때는 아무도 놀라지 않은 것 같았다. 유르차크의 책 제목 『모든 것은 영원했다, 사라지기 전까지만 해도Everything Was Forever, Until It Was No More』는 그런 점에서 의미심장하다. 이와 마찬가지로 지금은 현대 수사학의 조건이 불가피해 보이지만, 언젠가 우리는 새로운 현실에 내던져질 것이고 그때가 되면 다들 변화가 필연적이었다고 생각할 것이다.

맺는말

이 책의 두 가지 주제는 어느 정도 상충된다. 첫번째 주제는 수사학의 효과다. 나는 수천 년 동안 효과가 입증된 단순한 수사학 기법에 주목하면 의사소통 기술을 향상시킬 수 있다고 주장했다. 수사학 교재에서는 으레 이렇게 주장하며, 그다지 틀린 말도 아니다. 내가 현재의 수사학 상황을 개탄한다는 뜻은 아니지만, 어느 시대나 마찬가지로 지금도 형편없는 싸구려 수사가 난무한다. 조금만 노력하면 군계일학이 되기는 어렵지 않다. 적당한 속도로 명료하게 말하면 삼절문과 대조법을 구사하기도 전에 좌중의 이목이 집중될 것이다. 논증의 구성에 의식적으로 주의를 기울이면 에세이, 보고서, 발표의 수준을 부쩍 끌어올릴 수 있다. 무엇보다 중요한 첫걸음은

진짜 사안이 무엇인지 파악하는 것이다. 한편, 수사학의 이해
는 다른 면에서도 도움이 된다. 수사학 기법을 알면 논증의 타
당성을 평가할 수 있으며 그럴듯하지만 오류인 주장에 현혹
되지 않을 수 있다. 그런 주장을 맞받아칠 수도 있다.

하지만 이 책의 두번째 주제는 두각을 나타내는 것과는 거
리가 멀다. 나는 수사학이 여러분을 설득력 있는 웅변가로 탈
바꿈시킬 유서 깊은 방법의 목록으로 단순히 환원되지 않음
을 보였다. 물론 고전 수사학 지식을 습득하면 실질직 이익을
거둘 수 있다. 하지만 뛰어난 솜씨로 설득력을 **높일** 수는 있어
도 기적을 일으킬 수는 없다. 수사학 기법을 아무리 조합하더
라도 청중을 무조건 설득할 수는 없다. 자신의 주장이 논리 면
에서나 표현 면에서나 타의 추종을 불허하더라도 말이다. 나
는 수사학이 사회 현상이며 그 사회 규범에 따라 수사학의 수
용 방식이 달라진다고 주장했다. 그러나 수사학은 본질적으
로 예측 불가능하며, 관련된 사회적 규약을 깊이 이해하더라
도 청중을 설득한다는 보장은 없다. 다중적 청중의 경우는 설
득하기가 더더욱 힘들다. 현장의 청중에게 아무리 효과가 좋
더라도 연설이 어떻게 전파되고 어떤 영향을 끼칠지 예측하
는 것은 불가능하다. 매체는 나름의 이해관계에 따라 작동하
기 때문이다. 그래서 나의 두번째 주제는 수사학의 효과에 어
떤 한계가 있는가로 연결된다. 모든 논쟁에서 승리할 수 있는

규칙이 있으면야 좋겠지만 그것은 명백히 불가능하다. 학급회의나 반상회처럼 규모가 작고 친숙한 환경에서는 내 말이 어떤 영향을 가져올지 쉽게 예측할 수도 있을 것이다. 하지만 그런 작은 물에서 아무리 실력을 뽐내더라도 전국 무대나 국제무대에서는 망망대해 앞에 선 심정일 것이다(처음에는 그런 감정을 추스를 수 있을지도 모르지만).

별로 고무적인 장면은 아니지만, 여기에는 나름의 위안도 있다. 냉전 초기에 일부 심리학자는 사람이 어떻게 설득되는지를 정확히 예측할 수 있으리라고 확신했다. 이를테면 조지프 클래퍼(Joseph Klapper)와 레오 뢰벤탈(Leo Löwenthal)은 다음과 같은 세상을 이상적 목표로 제시했다.

심리학 전사(戰士)가 자신이 바라는 효과를 연구자에게 알려주면 그만이고, 연구자는 의도한 효과를 얻기 위해 특정한 매체를 통해 특정한 사람들에게 전달할 필수 내용을 수학자에게 알려주면 그만이다.

이런 모형은 지나치게 기계론적이고 적잖이 두려워 보인다. 수사학의 예측 불가능성으로 인한 단점은 우리가 하는 말이 어떤 결과를 낳을지 결코 확신할 수 없다는 것이다. 하지만 장점도 있으니, 아무리 강력한 정부나 기업도 확신 없기는 마찬가지이기에 우리의 정신을 제 맘대로 조작할 확고하고 영속적인 공식을 만들어낼 수 없으리라는 것이다.

그래서 나는 수사학을 자기 계발의 수단으로서 칭송하기보다는 수사학의 강점과 약점을 현실적으로 평가하고자 했다. 하지만 분석 도구로서 수사학이 가진 힘을 설명할 때에는 굳이 열광을 억누를 필요를 느끼지 않는다. 수사학은, 의미 문제에 궁극적 해답을 제시할 수 있는 도구는 아니지만 과거와 현재의 사회를 들여다보는 효과적인 방법이기 때문이다. 앞에서 설명했듯, 어떻게 논증해야 하는가에 대한 논증은 겉보기에는 표현의 문제 같지만 실제로는 사회적 가치의 핵심을 파고든다. 올바른 의미와 언어에 대한 논쟁은 사소하기는커녕 행동에 대한 광범위한 논쟁의 '핵심 표본'이다. 그 중심에는 대체로 계급과 성 문제가 있다. "모든 삶은 (우리가 서로 소통하는 수단인) 연설의 문제로 돌아온다. 모든 삶은 서로와의 관계 문제로 돌아오기 때문이다"라는 헨리 제임스(Henry James)의 말은 과장이 아니다. 어떤 사회의 정치, 경제, 사회, 심리, 도덕을 이해하려면 이 문제를 이야기하는 방식—특히, 이 문제를 이야기해야 하는 방식에 대해 이야기하는 방식—을 들여다보는 것보다 더 좋은 출발점은 없다.

그렇다고 해서 모든 상황에 들어맞는 백발백중의 방법론이 있다는 말은 아니다. 고전학자와 중세학자는 빈약한 근거를 해석하는 새로운 방법을 찾아내는 귀재가 될 수밖에 없다. 이에 반해 근대와 현대를 연구하는 학자는 정보의 바다에서 헤엄치는 심정일 때가 많다. 그래서 종종 구체적인 수사학 행위의 맥락을 아주 자세히 그려내는 것이 가능하다. 그렇다고 해서 이들의 방법이 더 '낫다'거나 세부 사항의 점진적 축적을 통해 최종적 해답을 찾아낼 수 있다는 말은 아니다. 연설의 맥락 뒤에는 언제나 더 큰 맥락이 있으며, 그 맥락 뒤에는 또 더 큰 맥락이…… 영원히 이어진다. 포괄적 '수사 과학'이라는 것이 존재할 수 없듯 '총체적'이거나 '궁극적'인 수사적 분석 방법 또한 존재할 수 없다. 하지만 모든 설명에는 또다른 질문의 가능성이 열려 있듯, 중요한 것은 끊임없이 연기되는 도착(到着)이 아니라 분석의 여정이다.

게다가 수사적 분석은 안정된 사회를 정적으로 분석하는 데 머물지 않는다. 내 생각에 수사학에서 가장 중요한 것은 역동적 성질이다. 수사학은 기존 질서를 유지하려는 목적으로 고안되는 경우가 많지만 단순히 사회 변화를 반영하는 것이 아니라 사회 변화를 추동하는 원동력이다. 어떤 수사학적 대면에서든, 무언가를 부인하는 행위 자체가 그것이 사실일 수도 있다는 생각을 청자의 마음속에 불러일으킬 수밖에 없다. ('저는 사기꾼이 아닙니다'라는 닉슨의 유명한 발언을 생각해보라.) 이와 마찬가지로 긍정적 단언은 그와 반대의 가능성을 불러일으킨다. 따라서 현상황이 바람직하고 영속적이라는 주장은 (잠재의식 깊은 곳에서나마) 현상황이 달갑지 않고 한시적이라는 생각을 반드시 불러일으킨다. 이렇게 볼 때 수사학은 스스로의 토대를 허물 운명을 타고났으며, 새로운 위협에 대처하기 위해 끊임없이 새로워져야 한다. 수사적 과정은 창조적 파괴의 영구 순환이다. 아무리 역사에 호소하더라도 새로운 형식의 논증은 결코 옛 형식일 때와 같을 수 없기에, 논증은 해체되고 재활용된다. 혁신파는 새롭고 의심스러운 행동을 정당화하기 위해 과거의 가치를 끌어들이며 보수파는 모든 것을 그대로 유지하기 위해 모든 것을 바꾸어야 한다.

게다가 사상은 모태가 되는 언어 구조와 분리될 수 없다. '수사'라는 기름기를 쫙 빼면 언어의 기만적 거죽 아래 숨어 있는 '실체'가 나타나리라는 기대를 표명하는 사람이 많지만, 헛된 바람이다. 비관적 결론을 내릴 필요는 없지만, 그렇다고 수사학의 가능성을 지나치게 낙관해서도 안 된다. 수사학을 연구한다고 해서 물 위를 걷는 마법의 설득자가 될 수는 없겠지만 적어도 헤엄치는 법은 배울 수 있을 것이다.

> **연습**
>
> 이 책을 수사적으로 분석한다.

읽을거리

제1장 그리스인에서 글래드스턴까지

Aristotle, *Rhetoric*, in Jonathan Barnes (ed.), *The Complete Works of Aristotle*, Vol. II (Princeton, NJ: Princeton University Press, 1984) 〔이종오 옮김, 『수사학』(리젬, 2007)〕

William Dominik and Jon Hall (eds), *A Companion to Roman Rhetoric* (Oxford: Blackwell, 2007)

Thomas Elyot, *The book named the Governor*, 1531: A facsimile (Menston: Scolar Press, 1970)

Margaret Fell, *Women's Speaking Justified* (1666) http://www.qhpress.org/texts/fell.html

Xing Lu, *Rhetoric in Ancient China Fifth to Third Century BCE: A Comparison with Classical Greek Rhetoric* (Columbia, SC: South Carolina University Press, 1998)

Peter Mack, *A History of Renaissance Rhetoric 1380-1620* (Oxford: Oxford University Press, 2011)

Niccolò Machiavelli, *The Prince* (Harmondsworth: Penguin Books, 1961) 〔강정인 · 김경희 옮김, 『군주론』(까치, 2011)〕

Joseph S. Meisel, *Public Speech and the Culture of Public Life in the Age of Gladstone* (New York: Columbia University Press, 2002)

John Milton, *Paradise Lost* 1663 (London: Penguin, 2000) 〔조신권 옮김, 『실낙원』(문학동네, 2010)〕

Andrew W. Robertson, *The Language of Democracy: Political Rhetoric in the United States and Britain, 1790-1900* (Charlottesville, NC: University of Virginia Press, 2005)

Quentin Skinner, *Reason and Rhetoric in the Philosophy of Hobbes* (Cambridge: Cambridge University Press, 1996)

Alexis de Tocqueville, *Democracy in America 1835-40* (London: David Campbell, 1994) 〔임효선 옮김, 『미국의 민주주의』(한길사, 2002)〕

Brian Vickers, *In Defence of Rhetoric* (Oxford: Clarendon Press, 1998)

Thomas Wilson, *Arte of Rhetorique* 1554. Edited by Thomas J. Derrick (New York: Garland Publishing, 1982)

Ian Worthington, *A Companion to Greek Rhetoric* (Oxford: Blackwell, 2007)

제2장 수사학의 발판

Chinua Achebe, *A Man of the People* (London: Heinemann, 1966)

Max Atkinson, *Lend Me Your Ears: All You Need to Know About Making Speeches and Presentations* (London: Vermillion, 2004)

Cicero, *De Inventione: De Optime Genre Oratorum: Topica* (London: William Heinemann Ltd., 1949)

Jay Heinrichs, *Winning Arguments: From Aristotle to Obama — Everything You Need to Know About the Art of Persuasion* (London: Penguin, 2010)

Sam Leith, *You Talkin' To Me? Rhetoric from Aristotle to Obama* (London: Profile, 2011)

Thomas O. Sloane (ed.), *Encyclopedia of Rhetoric* (New York: Oxford

University Press, 2001)

제3장 수사학에 접근하는 방법

J. L. Austin, *How To Do Things With Words* (Oxford: Oxford University Press, 1962) 〔김영진 옮김, 『말과 행위』(서광사, 2011)〕

Roland Barthes, *Image, Music, Text* (London: Fontana, 1977)

Kenneth Burke, 'Rhetoric—Old and New', *The Journal of General Education 5* (1951), pp. 202-9

Kenneth Burke, *A Rhetoric of Motives* (Berkeley, CA: University of California Press, 1969)

William Empson, *Seven Types of Ambiguity* (London: Penguin Books, 1995)

Alan Finlayson and James Martin, '"It Ain't What You Say…": British Political Studies and the Analysis of Speech and Rhetoric', *British Politics* 3 (2008), pp. 445-64

Marie Hochmuth, 'Kenneth Burke and the "New Rhetoric"', *Quarterly Journal of Speech* 38 (1952), pp. 133-44

George Lakoff and Mark Johnson, *Metaphors We Live By* (London: University of Chicago Press, 1980) 〔노양진 · 나익주 옮김, 『삶으로서의 은유』(박이정, 2006)〕

Michael Laver, Kenneth Benoit, and John Garry, 'Extracting Policy Positions from Political Texts Using Words as Data', *American Political Science Review* 97 (2003), pp. 311-33

Chaïm Perelman, 'Rhetoric and Politics', *Philosophy & Rhetoric* 3

(1984), pp. 129-34

Chaïm Perelman and L. Olbrechts-Tyteca, *The New Rhetoric: A Treatise on Argumentation* (Notre Dame, IN: University of Notre Dame Press, 1969)

I. A. Richards, *The Philosophy of Rhetoric* (Oxford: Oxford University Press, 1965) 〔박우수 옮김, 『수사학의 철학』(고려대학교출판부, 2001)〕

Quentin Skinner, 'Meaning and Understanding in the History of Ideas', *History and Theory* viii (1969), pp. 3-53

Quentin Skinner, 'Some Problems in the Analysis of Political Thought and Action', *Political Theory* 2 (August 1974), pp. 277-303

W. K. Wimsatt, *The Verbal Icon: Studies in the Meaning of Poetry* (Lexington, KY: University of Kentucky Press, 1954)

제4장 현대의 수사학

Jonathan Charteris-Black, *Politicians and Rhetoric: The Persuasive Power of Metaphor* (London: Palgrave, 2004) 〔손장권 옮김, 『세상을 움직인 레토릭』(해피스토리, 2009)〕

Victor Klemperer, *The Language of the Third Reich: LTI-Lingua Tertii Imperii: A Philologist's Notebook* (London: Athlone Press, 2000)

Jon Lawrence, *Electing Our Masters: The Hustings in British Politics from Hogarth to Blair* (Oxford: Oxford University Press, 2009)

Elvin T. Lim, *The Anti-Intellectual Presidency: The Decline of Presidential Rhetoric from George Washington to George W. Bush* (Oxford: Oxford University Press, 2008)

Martin J. Medhurst (ed.), *Beyond the Rhetorical Presidency* (College Station, TX: Texas A&M University Press, 1996)

Shawn J. Parry-Giles, *The Rhetorical Presidency, Propaganda, and the Cold War, 1945-1955* (Westport, CT: Praeger, 2002)

Richard Toye, 'The Rhetorical Premiership: A New Perspective on Prime Ministerial Power Since 1945', *Parliamentary History* 30 (2011), pp. 175-92

Richard Toye, *The Roar of the Lion: The Untold Story of Churchill's World War II Speeches* (Oxford: Oxford University Press, 2013)

Jeffrey K. Tulis, *The Rhetorical Presidency* (Princeton, NJ: Princeton University Press, 1987)

웹사이트

수사학의 숲

Silva Rhetoricae: The Forest of Rhetoric 〈http://rhetoric.byu.edu/〉
브리검영 대학 기디언 버튼이 만든 웹사이트. 수사학 용어의 정의가 실려 있으며 초보자와 전문가에게 귀중한 자료가 올라와 있다.

미국의 수사학

American Rhetoric 〈http://www.americanrhetoric.com/〉
미국의 연설문을 온라인에서 보고 들을 수 있는 곳. 원고뿐 아니라 (가능한 경우) 동영상과 음성도 올라와 있다.

영국의 정치 연설

British Political Speech 〈http://www.britishpoliticalspeech.org〉
1895년 이후 영국 정당 지도자들의 연설 원고가 실려 있다.

역자 후기

표준국어대사전에서는 수사학을 이렇게 정의한다. "사상이나 감정 따위를 효과적·미적으로 표현할 수 있도록 문장과 언어의 사용법을 연구하는 학문." 수사학이 설득의 기술이라고 말하는 사람도 있다. 소크라테스는 진리를 추구하는 "변증술만이 올바른 논증 방법이자 정치적 삶의 유효한 매체"(24쪽)라고 주장했지만, 찾은 진리를 남에게 전달하는 방법은 수사학을 동원하는 것뿐이다. 특히 절대적 진리의 지위가 흔들리고 있는 현대에는 각자의 상대적 진리를 소통하고 합의를 이루는 것이 중요하므로 수사학의 비중이 변증술보다 커졌다고볼 수 있다. 게다가 수사학은 단순히 자신의 기존 생각을 남에게 주입하는 것이 아니다. 수사학은 생각을 표현하는 수단일

뿐 아니라 생각을 생성하는 수단(14쪽)이기도 하기 때문이다. "수사학은 자신과 세상의 관계를 바라보는 태도에 중대한 영향을 끼친"(14쪽)다. 이 점에서 말하기 연습은 곧 생각하기 연습이기도 하다. 명료하게 말하려면 명료하게 생각해야 하기 때문이다.

이 책에는 '내포 작가'(72쪽)라는 흥미로운 개념이 등장하는데, 내포 작가는 글 자체를 가지고 재구성한 작가의 모습이다. 독자가 작가를 개인적으로 아는 경우는 거의 없다. 대부분의 독자는 글을 읽고서 '이런 사람이니까 이렇게 썼을 거야'라고 역으로 추리한다. 우리가 하는 말이나 쓰는 글의 가장 중요한 목표는 내포 작가를 만들어내는 것인지도 모른다. 이렇게 에토스가 형성되면 상대방을 훨씬 수월하게 설득할 수 있으니 말이다. 하지만 내포 작가를 만들 때는 신중을 기해야 한다. 자신의 참모습이 내포 작가와 다르다는 사실이 들통나면 거짓말쟁이라는 오명까지 감수해야 하기 때문이다. 그렇기에 정직이 최선의 방책이라고 말하는지도 모르겠다.

한편, 인터넷 소통의 시대에는 일부 저술가뿐 아니라 모든 사람이 내포 작가가 될 가능성이 있다. 트위터나 페이스북에서 우리는 글(과 사진으)로만 존재한다. 수사학이 정체성을 결정하는 셈이다. 이것은 현실의 자신에 만족하지 못하는 사람들에게 좋은 기회다. 또한 글을 통한 논쟁과 설득이 어느 때보다 활발하게 이루어지고 있기도 하다. 이른바 댓글 논쟁은 수사학적 기법이 화려하게 펼쳐지는 말의 향연이다. 우리는 하루하루 솜씨를 갈고닦고 실력을 발휘한다.

특히 요즘처럼 열띤 정치적 논쟁이 벌어지는 상황에서는 수사학이 우리의 민주적 과정에서 큰 역할을 담당한다. 과거에는 경제학이 효율성을 추구하는 학문이라고 생각했으나 이제는 이해관계가 충돌하는 여러 집단이 합의에 의해 또는 권력 투쟁에 의해 자신의 이익을 관철하거나 (국가나 정부의 관점에서는) 이러한 상충관계를 조정하는 문제라는 인식이 커지고 있다. 따라서 상대방을 어떻게 설득하느냐가 정치적 결정에서 중요한 역할을 한다.

타인에게 영향을 끼치는 두 가지 방법은 말과 행동이다. 우리는 두 가지가 별개라고 생각하지만 말이 곧 행동인 경우가 있다. 이 책에서 자세히 서술하는 제2차세계대전 당시 각국 정상의 대국민 연설은 자국의 사기를 진작하고 동맹국의 태도에 영향을 끼치고 적국을 위협하는 고도의 정치 행위였다. 이것이 바로 이 책에서 설명하는 언어행위 이론(107쪽)이다. 우리는 언어행위에 대해 말의 의도와 효과를 분석할 수 있다. 행위가 역사적·사회적 맥락 속에서 존재하듯 말도 그러한 맥락 속에서 이해해야 한다. 고전은 시대를 초월한다고들 말하지만 이것은 우리가 고전을 '시대착오적'으로, 즉 현재의 관점에서 읽기 때문이다. 언어행위 이론은 철학자 J. L. 오스틴이 주창했으며 언어철학과 언어학에서 중요하게 다루고 있다. 언어행위 이론은 언어학에서 화용론이라는 분야로 이어져 의사 전달을 넘어선 언어의 여러 기능을 탐구하게 된다. 화용론은 넓은 의미의 수사학이라고 볼 수 있을 것이다.

　이 책은 수사학의 기술을 가르치는 것에 머물지 않는다. 수사학의 역사와 수사학의 발판(웅변술의 세 갈래인 사법적 연설, 제시적 연설, 토론적 연설; 수사학의 다섯 가지 규범인 발상, 배열, 표현, 기억, 발표; 연설의 3요소인 에토스, 파토스, 로고스; 수사학의 기법인 비유와 은유, 삼절문, 대조법, 도치반복법, 예변법, 역언법), 언어의 수사학을 파악하는 방법, 언어를 수사학적으로 파악하는 방법, 현대 수사학이 적용되는 분야 등을 고루 다룬다. 수사학은 효과적인 도구이며 오용될 수 있기 때문에 사용에 신중을 기해야 한다. 또한 상대방이 수사학을 동원할 때면 속아넘어가지 않도록 주의해야 한다. 설득의 기술을 가르치는 책이 있다면 설득당하지 않는 법을 가르치는 책도 있어야 할 것이다. 우리는 표현 도구로서의 수사학에 주목하지만 분석 도구로서의 수사학도 매우 중요하다. 이때 수사학은 텍스트뿐 아니라 텍스트를 둘러싼 맥락을 보여준다. (무엇을 말하는가가 아닌) 어떻게 말하는가는 상대방의 의도를 파악하는 근거이자 사회, 정치, 도덕 전반을 이해하는 방법이기도 하다.

수사학은 가능성이자 한계이기 때문에, 어떤 수사학을 동원하는가에서 그 사회가 어떤가를 알 수 있다. 이 책에서 우리는 수사학의 여러 모습을 들여다보면서 수사학을 총체적으로 이해하고 활용할 수 있을 것이다.

민주주의는 대화를 통한 합의를 바탕으로 삼는다. 우리는 설득하고 설득당하면서 합의에 도달하고 그 합의를 존중한다. 수사학을 동원하지 않고 합의를 도출하겠다는 것은 독단이다. 수사학은 상대방의 견해에도 가치가 있음을 인정하는 열린 태도다. 수사학은 민주주의의 토대다.

도판 목록

수사학
RHETORIC

초판 1쇄 2015년 1월 30일
초판 2쇄 2022년 2월 21일

지은이 리처드 토이
옮긴이 노승영
펴낸이 신정민

편집 최연희 조현나 정소리
디자인 강혜림
저작권 박지영 이영은 김하림
마케팅 김선진 배희주
브랜딩 함유지 함근아 김희숙 정승민
제작 강신은 김동욱 임현식

제작처 한영문화사(인쇄) 한영제책사(제본)
펴낸곳 (주)교유당
출판등록 2019년 5월 24일
　　　　　제406-2019-000052호
주소 10881 경기도 파주시 회동길 210
문의전화 031) 955-8891(마케팅)
　　　　　031) 955-2692(편집)
팩스 031) 955-8855
전자우편 gyoyudang@munhak.com
ISBN 978-89-546-3417-5 03100